Adalbert Rabich

Werden wir optimal regiert?
Was denkt das Volk darüber?

Studie über Funktionsbedingungen und Einflüsse

© 2018 Adalbert Rabich

Verlag & Druck: tredition GmbH, Hamburg

Werden wir optimal regiert?
Was denkt das Volk darüber?

Studie über Funktionsbedingungen und Einflüsse

Adalbert Rabich
Herbst 2018

Inhalt

Anmerkung:

Fußnoten: Sie sind sowohl Quellen als auch Hinweise zu weiterführender Literatur, *Originalzitate sind kursiv*

Die Zitate sollten auf „Stimmigkeit" etc. überprüft werden, so ist diese beispielsweise selbst bei Wikipedia nicht gewährleistet.

Abstract

Jedes menschliche Individuum bildet sich seine Meinung über einen wahrgenommenen oder vorgetragenen Sachverhalt auf Grund seiner genetischen Veranlagung und seiner persönlichen Beeinflussung durch Erziehung und Erleben anders als die Mitmenschen. Die sich ergebende Mannigfaltigkeit zeichnet sich in den kognitiven Fähigkeiten besonders aus und erschwert oder verhindert das Entstehen einer homogenen Volksmeinung oder die Vorstellung eines Durchschnittsbürgers. Die gewählten Abgeordneten sind in ihrer Gesamtheit Mandatsträger des Volkes, einzeln nur ihrem Gewissen unterworfen, sollten also frei sein von Fremdbeeinflussung, wobei von Bedeutung ist, dass Parteien nach dem Grundgesetz nur mitwirken sollen bei den Entscheidungen im Parlament, die Mandatsträger können wie im Volk die Partei berücksichtigen, wobei die Wahlvorschlagsberechtigung einer Partei von Einfluss sein kann. Wie verwurzelt die Partei in der Gesellschaft ist, soll Maßstab für staatliche Hilfe sein.

Die Abgeordneten-Repräsentanz ist nur eine allgemeine und damit auch keine Auswahl des Bestmöglichen. Dadurch wird auch nicht gewährleistet, dass die beim Volk auftretenden Mängel aus der Gesetzgebung, auftretende gefühlte Ungerechtigkeiten usw. unmittelbar in ihrer Tragweite erkannt und beseitigt werden, denn hierzu wäre ein enger Kontakt zwischen Abgeordneten und Volk notwendig. Vom Idealbild eines Abgeordneten scheint die Realität entfernt zu sein. Wohl auch wegen der von ihm angestrebten Arbeitseffizienz kann dem Abgeordneten nicht zugemutet werden, über ein gewisses Maß hinaus Aufklärung zu leisten. Daher dürfte dafür eine institutionelle Ansprechstelle für Bürger besser geeignet sein, die die Beschwerden usw. sammelt, aufarbeitet und ihrer fachlichen Erledigung zuführt.

Da für die einzelnen Fachgebiete, die das Parlament sachgerecht zu bearbeiten hat, zur anstehenden Entscheidung im Haus kein ausreichend exzellentes Fachwissen vorhanden zu sein scheint, werden fallweise externe Fachleute, Experten usw. hinzugezogen, woraus folgt, dass sich über dieses Einfallstor Fremdwille einschleichen kann, der allerdings schon aus der nicht unter freier Disziplinier-Kontrolle stehenden Nachrichtenflut vorhanden ist, denn nicht alles ist frei von volksfremden Interessen und jeder fühlt sich nicht unentwegt der Wahrheit verpflichtet. Da der Widerstand gegen eine Beeinflussung im Volk und bei den Abgeordneten weder ausgeprägt noch eingeübt ist, muss eine derartige Gefahr bekämpft werden.

Verwundern kann nicht, dass sich jeder im Volk eine ihn betreffende Administration in reibungslosem Arbeitsstil und in bester Ausstattung wünscht und voraussetzt, denn er möchte in keiner Weise sein erarbeitetes Geld „vertan" sehen, insbesondere für Objekte, für die er kein Verständnis aufbringen kann. Ein typisches Beispiel für das spätere Herausstellen nach dem Ereignis ist die angeprangerte Steuerverschwendung. Dafür gibt es auch noch weitere Beispiele. Woran könnte man denn erkennen, was in dieser Richtung getan und nachverfolgt wird, wenn doch die Transparenz der Aktionen schwach oder undurchsichtig ist. Welche langfristig negativen Auswirkungen haben denn die ad-hoc-Entscheidungen (z.B. Flüchtlinge)? Eine Projektkontrolle gibt es nicht, auch keinen Sparkommissar, der ggf. auch vor der Überwachung europäischer Reglementierungen nicht zurückschreckt. Dabei gibt es hinreichend Verbesserungsvorschläge im und aus dem Volk, aber es gibt keine Kanalisierung, keinen Empfang in der Regierung. Von Demonstrationen im Volk ist man in der Regierung wenig erbaut, weil diese Gegenaktionen herausfordern oder wunde Punkte in der Demokratie aufzeigen.

Offensichtlich kann wohl von einem optimalen Regieren keine Rede sein, es wäre ein Nachweis zu erbringen.

Einführung

Jeder Mensch versucht, sein Leben bestmöglich zu gestalten, sein Vermögen vor Verlusten zu bewahren: seine Haushaltsführung in Ordnung zu halten. Das erwartet er auch von seiner politischen Führung und vertraut ihr, weil er sich ohnehin davon nicht durch einen direkten Einblick in die administrativen Verhältnisse der Regierung überzeugen kann. Er geht davon aus, dass die kooperative Aufgabenerfüllung in Staat und Verwaltung reibungsarm und möglichst schnell abläuft und dass die politischen Delegierten im Einklang mit dem Forschungsstand langfristig angezeigten Ziele argumentativ frei von parteilichen Eigeninteressen auf- und ausarbeiten.

Dieses Idealbild wird nicht selten in der Regierungs- und Verwaltungspraxis gestört und der Staats-Bürger verunsichert und dann stellt er sich besonders dann Fragen, wenn im Volk bereits Missstände offensichtlich sind. Hier kann doch etwas in der Verbindung zwischen ihm und den politischen Verantwortlichen, den Abgeordneten im Parlament nicht stimmen. Dabei wissen wir aus der Tierwelt, dass die Regelung eines Organismus über die Sensorik erfolgt, fehlt hier bei diesen vernunftbegabten Menschen etwas oder ist das spezifische System einfach nur unvollkommen und warum? Wir wissen um die Problematik, die aus der Unterschiedlichkeit von individuellen Meinungen und Rechthabereien im Volk resultieren, die sich auch in Gruppierungen unter der Flagge einer Partei herausfinden lassen, die letztlich auf eine einzige, maßgebende Meinung reduziert werden muss,, wenn auch unter Umständen über den Weg von schlechten Kompromissen und langzeitigen Entscheidungsverzögerungen. Das hat man auch in der Wissenschaft erkannt.[1]

Will man nicht bestmöglich seine Kinder auf das Leben vorbereiten, will der abhängig in der Wirtschaft Tätige nicht seine Erfahrung Kenntnisse bestmöglich einbringen? Es ist noch kein Meister vom Himmel gefallen, aber man sollte doch dem Anspruch genügen, sein Betmögliches zu leisten. Aber man trifft manchmal Menschen, deren Ergebnisse nicht befriedigen. Was wissen wir von der Regierung? Eigentlich nur die öffentlichen Verlautbarungen, die Pressemitteilungen, die ein schönes Bild malen, das Meckern andernorts verabscheuen. Die Demonstrationen der Bevölkerung zur Kenntnis nehmen und ist das dann alles? Wir wissen es nicht. Aber trotzdem wünschen wir uns Aufklärung und eine Institution, die die Interessen der Bürger ernst nimmt und sie hoffentlich in die Regierungsarbeit einfließen lässt, dabei unabhängig von Qualität und der Form, denn jeder ist Teil der Gesamtheit. Dabei müssen wir konzedieren, dass die Heterogenität auch moralisch abweichende Inhalte aufweist.

Die Politik muss alle Meinungsalternativen und Bestrebungen verkraften, sich womöglich anpassen oder angepasst werden.[2] Die Abgeordneten sind Vertreter des Volkes und nicht von Parteien, was in der Arbeit der Abgeordneten nicht verwischt werden dürfte – und darum sind die Bürger besorgt.

Der Verfasser ist bemüht, den Dissonanzen zwischen Volk und Regierung nachzugehen und listet die Gegebenheiten von Meinungen und Handlungswillen nach – und dem vom Beeinflussen des Volkes in Richtung auf fremdbestimmte Interessen.

---

[1]   https://media.herder.de/leseprobe/978-3-451-30753-9/html5.html   Nicolas Berggruen - Nathan Gardes. Klug regieren. Politik für das 21. Jahrhundert. Verlag Herder. 2013

[2]   http://www.bpb.de/175940/demokratie-nach-wie-vor-die-beste-herrschaftsform Hans Vorländer, 2014

1. Der Bürger als Auftraggeber

Der gewöhnliche Bürger will sein Leben so gestalten, dass es seinen Ansprüchen genügt, und er möchte, dass seine Interessen durch des Volkes Vertreter (Abgeordnete) gewahrt werden, wobei ihm bewusst ist, dass er in einem Staat[3] mit einem System von öffentlichen Institutionen lebt, in dem die Angelegenheiten des Gemeinwesens geregelt sind. Maßgebende Instanz für die Legislative ist das Parlament, in dem die – auch von ihm von ihm - **gewählten Abgeordneten** entscheidend wirken und z.b. den Bundeskanzler auf Vorschlag des Bundespräsidenten wählen, der Bundeskanzler schlägt dann dem Bundespräsidenten Minister vor, die dieser dann ernannt. Die Minister können zugleich Mitglied des Bundestages sein, was oft auf Missfallen stößt, weil ein Angehöriger der Exekutive damit in zwei an sich getrennten Institutionen tätig wird.[4]

Es ist verständlich, wenn der Bürger mit seinem Wahlakt[5] gewisse Erwartungen hegt, denen Überlegungen vorangehen. Dabei muss er voraussetzen dürfen, dass die Abgeordneten ihren Beruf in vollem Maße erfüllen und auch gewissenhaft und sorgfältig die Denkalternativen auf Wahrheit und Machbarkeit prüfen und sich davor hüten, Denkfallen zu erliegen. Natürlich ist klar, dass dabei die Verschiedenheit der Denkfähigkeiten und des Informations-Wissens zur Geltung kommt und Folgen nach sich zieht. Querdenker werden dann bei den Sitzungen des Parlaments immer wieder über die rhetorischen Ausführungen der Abgeordneten enttäuscht, wenn sie weniger dem Sachthema als vielmehr der Parteilinie, die sie vertreten, zuzuordnen sind. Nicht wenige Wähler halten den Beruf eines **Politikers** für ethisch verpflichtend, selbstkontrollierend, was sich in der Konzentration auf das Wohl des Gemeinwesens erkennen lässt.

Den Parteien ist nach dem Grundgesetz eine bedeutende Rolle in der parlamentarischen Demokratie zugedacht und sie nehmen diese weitgehend wahr, insbesondere im Wettbewerb um die bestimmende Machtgröße, die bis zur Diffamierung von einzelnen Abgeordneten geht. Allerdings ist die Beständigkeit der Parteiprogramme nicht immer stetig. Die Abgeordneten erhalten für ihren Einsatz als Mandatsträger eine Entschädigung, deren Maß der Bundestagspräsident vorschlägt und das sie dann selbst bestimmen. Neben der steuerpflichtigen Entschädigung von gegenwärtig monatlich 9780 € erhält er eine steuerfreie Kostenpauschale für Büokosten usw. von derzeit 4340 € und er darf Mitarbeiter auf Kosten des Bundestages bis zur Höhe von monatlich 20 870 € beschäftigen. Weiterhin stehen ihm Vergünstigungen z.B. für Reisen, Versicherungen etc. zu. Es liegt auf der Hand, dass hier die einzelnen Abgeordneten hinsichtlich ihrer Erfahrung, ihrer ausgeübten Tätigkeit, so auch im eigenen Wahlkreis, untereinander und mit dem eigenen Leben verglichen werden.

Das Bild der Abgeordneten-Arbeit wird auch wesentlich mitgeformt durch die publizierenden Organe und sie geben das offensichtlich nur z.T. korrekt wieder, was in der Bevölkerung Unwillen erzeugt. All das summiert sich im Laufe der Regierungszeit und staut sich auf zu einer Protestbewegung. Das ist auch ein Zeichen von **Politikverdrossenheit,** die allerdings auch durch die Bürger betreffende Entscheidungen, die ohne das Parlament verfügt werden, zustande kommen, weshalb da dringend Abhilfe geschaffen werden muss, so sollten notwendige Reformen nicht noch vor sich hergeschoben werden. Da fehlt das Signal des tätigen Realisierens. Noch fragt man sich nicht, ob man nicht das System gänzlich oder nur in Teilen erneuern muss.

---

[3] https://de.wikipedia.org/wiki/Staat
[4] https://www.rosalux.de/publikation/id/3493/ministeramt-und-parlamentsmandat/ Inkompatibilität
[5] Vertretungsauftrag https://de.wikipedia.org/wiki/Mandat_(Recht)

2.1 Menschliches Dasein und sein möglicher Sinn

Wir denken, dass es schon immer Menschen gab, die nicht nach dem Sinn ihres Daseins oder ihrer Aufgabe in dieser Welt fragten, sondern die bloß das Erleben von Glück und Zufriedenheit etc. genießen wollten. Aber es gab auch von jeher solche, die Mühe hatten, ihr Dasein überhaupt zu bewältigen, die um ihre Existenz kämpfen mussten. Dabei zerbrachen sich Philosophen und Religionshüter den Kopf, worin das Leben denn bestehen sollte, wenn es keinen Sinn hätte, oder ohne Sinn sein sollte?[6] Aber nach den naturwissenschaftlichen und genetischen[7] Erkenntnissen gestattet uns bereits die **biologische Evolution**, beim **Menschen** die Fortpflanzung als einen für die Vielfältigkeit der Individuen bestimmenden Vorgang zusammen mit Variation und Selektion zu deuten; jedes Individuum ist einmalig, zusätzlich durch die Erfahrungen mit der Umwelt geprägt und als intelligentes Wesen mit einem Verstand versehen.[8] Damit hat es die Fähigkeit, sinnliche Wahrnehmungen ins begriffliche zu übersetzen und logisch bzw. gedanklich zu verknüpfen und gedanklich weiter zu verarbeiten..[9] Hieraus resultiert dann Wissen und eine besondere **Machtstellung**.

Wir wissen, dass der Mensch in seiner Gesamtheit die Erde für sich beschlagnahmt hat zur Ernährung der wachsenden Bevölkerung, er beutet für seine zivilisatorischen Ziele die Erdrinde aus und er sorgt dafür, dass es eine ursprüngliche Natur wie über die Jahrtausende hinweg nicht mehr gibt; infolge der **geistigen Überlegenheit des Menschen** das einstige Gleichgewicht aus dem Rahmen geraten und seine irdischen Politiker sind dabei, keine hinreichend adäquate Strategie dagegen aufzubauen, obwohl sie gerade dazu berufen wären.[10] Noch scheint eine globale kritische Endphase nicht unmittelbar zu bestehen, so dass die vor sieben Jahrzehnten gegründete UNO, die nicht zur Einigkeit findet, weil die Großmächte die Arena der Weltöffentlichkeit zu gegenseitigen Beschuldigungen über Missetaten benutzen[11], an der „Rettung" arbeiten kann, Die Menschen agieren auf diese ernste Situation nicht gleichermaßen moralisch, weil nicht nur der Verstand für **moralische Prinzipientreue** sorgt, sondern Gefühle das Handeln nicht minder beeinflussen. Aber nicht alle Menschen haben ihre Gefühle im Griff, so manches Individuum folgt lieber seinen Wünschen, nicht jeder will für sein Vaterland sterben.[12] Einige meinen, sie seien besonders prädisponiert, ja sie bilden Interessensgruppen oder eine Partei.

Es gibt Prinzipien, die im Menschen bzw. Tier von Natur aus angelegt sind, so gibt es Grenzen für das Töten von Artgenossen, wenn es auch Möglichkeiten gibt, diese zu missachten und sich darüber hinweg zu setzen, z.B. wenn es um die Vernichtung von Feinden bzw. deklarierten Feinden geht. Politiker bestimmen z.B. darüber, wenn souveräne Staaten Kriege eröffnen. Aber die politischen Leitinstanzen haben eine **Verantwortung** für die gehandhabte **Moral in der Gesellschaft**, für die regulierenden Gesetze und ihre Umsetzung. Und sie sind insbesondere verantwortlich für Gerechtigkeit und Wirtschaftlichkeit, für eine gelebte Wirklich-

---

[6] https://wikipedia.org/wiki/Sinn_des_Lebens
[7] https://de.wikipedia.org/wiki/Mendelsche_Regeln
[8] https://tinyurl.com/yb6l575k http://thomas-junker-evolution.de/Publikationen https://tinyurl.com/y97sqslk
     https://www.lehmanns.de/shop/geisteswissenschaften/27035188-9783647569413-evolution-im-
     fadenkreuz-des-kreationismus . 2009 Vandenhoeck & Ruprecht
[9] https://community.zeit.de/user/loki45/beitrag/2010/02/02/was-ist-eigentlich-quotgesunder-
     menschenverstandquot https://de.wikipedia.org/wiki/Verstand
[10] https://www.deutschlandfunkkultur.de/der-mensch-muss-sich-mehr-als-teil-der-natur-
     begreifen.1008.de.html?dram:article_id=233804 Reinhold Leinfelder, Freie Universität Berlin
[11] https://www.bpb.de/izpb/209686/uno-staerken-und-schwaechen-einer-weltorganisation?p=all
[12] https://www.zeit.de/wissen/2015-05/moral-werte-kultur-emotionen/seite-3 Steve Ayan,viele Kommentaree

keit davon, für die **Effizienz** ihrer politischen Arbeit. Es gilt also, Notwendigkeiten zu erkennen und durch entsprechende Handlungen zu realisieren.

Die menschliche und maschinelle **Arbeit** dient (allgemein) der wirtschaftlichen **Existenzsicherung**, sie bleibt auch bei Änderung der Art und des Umfanges integriert in die Natur. Wenn er gegen sie arbeitet, nimmt er sich einen Teil dieser Sinnhaftigkeit[13], ganz besonders dann, wenn Arbeit für den Mensch das allein Sinnige ist.[14]Andererseits ist Arbeit für einen **abhängigen** Arbeitnehmer der Grundpfeiler der staatlich gelenkten Sozialleistungen; der Mensch kann nicht einfach aufhören, ohne diesen Gesichtspunkt durchdacht zu haben.[15] Das Risiko, arbeitslos zu werden und damit keinen Lebensunterhalt mehr zu erwirtschaften, wird umso größer, je mehr automatisiert wird, je mehr Roboter eingesetzt werden usw.

Niemand durchschaut den Wust an Änderungen und Reformen, die die Politik zu bewältigen haben wird, um den **Sinn des Lebens** (und Wohlstandes) für viele aufrecht zu erhalten[16], vollends.

2.2 Das menschliche Verhalten

Vor Tausenden von Generationen begann der Mensch, Tiere zu jagen und ihr energiereiches Fleisch etc. zu essen.[17] Hierzu musste er sehr genau deren Verhalten beobachten, die Tiertypen auf die erforderlichen Merkmale und ihr Verhalten abstrahieren und im Gedächtnis festhalten sowie Werkzeuge zum Erlegen herstellen. Aus den Höhlenmalereien wissen wir um diese **Leistungen der Steinzeit** und auch um die Kunstfertigkeit zugleich als Zeugnis ihres ästhetischen Empfindens.[18] Offensichtlich war solches Können jedoch nur wenigen Individuen zuzutrauen, weil die Menschen unterschiedlich fähig waren, was die mit ihnen zusammen lebenden Menschen auch feststellten, man kannte die herausragenden Schöpfer und deren Identität, deren Kreativität konnte jedoch nicht ge- und erlernt werden; sie war faktisch nur nutzbar[19].

Ganz allgemein wissen wir, dass **Tiere** sich **instinktiv verhalten**, von einigen Tierarten wissen wir, dass sie in gewissem Maße lernen; so gehorchen Hunde auf Befehle, Affen imitieren gezeigte Vorgänge, z.B. Kisten zu stapeln, ja einige reagieren auf bestimmte Situationen mit einem gleichen Verhaltensmuster. Sie nehmen die Umwelt so wahr, wie sie ihnen erscheint und ist, bei positivem und einsichtigem Erleben versuchen sie sogar, den Vorgang zu wiederholen. Selbst in den Beziehungen untereinander halten sie sich an diese Verhaltensweisen,

[13] https://www.uni-muenster.de/Ejournals/index.php/jcsw/article/viewFile/584/556 Rudolf Willer, 1985
[14] https://www.zeit.de/karriere/2017-01/selbstausbeutung-arbeit-sinn-existenz-identitaet-alternative-gesellschaft/seite-2 Sascha Nicke, 2017 in Zeitonline
[15] https://www.tagesspiegel.de/wirtschaft/zukunft-der-arbeit-abgehaengtsein-als-lebensmodell/20577966.html
[16] https://tinyurl.com/y8x2gwv2 Klaus Michael Kodalle, 2001, S. 19ff.
[17] https://www.spektrum.de/news/der-mensch-der-geborene-jaeger/1312935 Kate Wong 2014
https://www.welt.de/geschichte/article153842714/Nur-durch-Fleischkonsum-war-die-Menschwerdung-moeglich.html Florian Stark 2016 https://www.evolution-mensch.de/thema/feuer/bedeutung-jagd.php
[18] https://www.spektrum.de/news/rumaenische-hoehlenmalerei-entpuppt-sich-als-aelteste-mitteleuropas/1037157 https://www.br.de/themen/wissen/hoehle-hoehlenmalerei-kunst-100.html
[19] https://www.ssoar.info/ssoar/bitstream/handle/document/55262/ssoar-2017-hennings- Lars Hennings, 2017Zur_Soziologie_der_Steinzeit_Anfange.pdf?sequence=1 Lars Hennings, 2017

dabei kommunizieren sie jeweils auf ihre eigene Weise. Tiere haben ein Empfinden und werden sich dessen bewusst.[20]

Beim Menschen findet man eine innere Beschäftigung mit Vorstellungen, Erinnerungen und Begriffen, ein Bewusstsein[21], aus der eine Erkenntnis resultiert, wozu ein Speichermedium (Gedächtnis) und eine Informationsverarbeitung vonnöten sind.[22] So kann der Mensch über sich selbst reflektieren, über sich und sein Handeln **nachdenken**, z.B. wie man Fehlschläge in Zukunft vermeidet.[23] Er folgt erfahrenen Lehrmeistern der Technologie, ahmt vielleicht rationell verbessernd nach. Wahrscheinlich ist, dass die Fortschritte im Erfinden und Realisieren nicht nur aus einer Notwendigkeit, sondern auch aus dem **<u>Drang einzelner Menschen, Neues zu schaffen,</u>** entstanden sind, was z.B. speziell für die Verhüttung von Erzen, das Schaffen von metallenen Erzeugnissen usw. gilt. Für die Anwendung war dann eine **Zusammenarbeit** mit anderen **notwendig** und das musste wiederum geplant bzw. erlernt werden. Bedauerlicherweise wissen wir wenig über das Erziehen und nur Dürftiges über die Zeit des Neolithikums in Hochkulturen.[24]

So **denkt der Mensch** z.B. sogar darüber nach, welchen **Sinn sein Dasein** in dieser Welt hat und welche Aufgaben er haben könnte, wie diese zu erfüllen sind. Hier nimmt der Mensch eine Sonderstellung in der Natur ein: er kann sich nämlich selbst **Ziele setzen** und Mittel und Wege finden, diese auch tatsächlich und optimal zu erreichen. Ihm ist die Gabe gegeben, vernünftig zu handeln und Verantwortung zu übernehmen, d.h. mit dem **Verstand** über Beobachtungen Zusammenhänge zu erkennen, z.B. in Naturgesetzen, Prinzipien der Kausalität usw. und Folgerungen daraus zu ziehen.[25] Bereits die frühen Menschen erfassten die großartigen ihrer Umwelt unmittelbar und die Unabänderlichkeit des Wechsels von Leben und den Tod; für sie blieb nur die Erinnerung und das Denkmal. Hier halten dann Gedanken über **Moral** oder eine **Religion**slehre Einzug, die so etwas wie Regeln über das Verhalten von Menschen zueinander darstellen, denn der Mensch wird noch in der Steinzeit hauptsächlich vom Überlebenswillen geprägt.[26] Er hat zwar ein Grundbedürfnis, die von ihm wahrgenommenen Dinge und Abläufe in der Natur sich verständlich zu machen, aber er nahm auch schon in Frühzeiten hin, dass <u>sich nicht alles erklären lässt</u>. So schuf er den unbestimmten Begriff Gott, der über dem Menschlichen sein soll, der zu den Begriffen gehört, die wie die Evolutionsziele, die Schöpfung des Universums und aller darin vorkommenden „Elemente", die Basis-Struktur unserer Welt, das innere Wesen, usw. nur teilweise von uns Menschen erkannt werden oder erkannt werden können. Dennoch sucht er weiter.[27] Er interpretiert Begriffe neu, er erkennt die Notwendigkeit, zur Besserung des allgemeinen Verständnisses Sachverhalte zu normen, zu vereinheitlichen.

Die Durchschaubarkeit all unseres Wissens ist bei den Individuen mehr oder weniger begrenzt, was wir uns bewusst machen müssen. So halten wir **Regeln** für das Zusammenleben der Menschen trotz aller Bedingtheit der Begründung für unerlässlich, weshalb z.B. die Religionen eine **ethische Klassifizierung** z.B. in Gut und Böse vornahmen und Kulte und Rituale

---

[20] http://www.animal-ethics.org/empfindungsvermogen-abschnitt/einfuehrung-das-empfindungsvermoegen/bewusstsein-und-kognition-von-tieren/
[21] https://www.psychologie.uni-heidelberg.de/ae/allg/lehre/bewusst.pdf Folie 8 u. 13, 14
[22] http://de.wikipedia.org/Denken
[23] http://www.fr.de/wissen/menschheitsgeschichte-die-kreative-urknall-a-1165391 M. Kolodziejczyk, 2008
[24] https://lehrbuch-psychologie.springer.com/sites/default/files/atoms/files/leseprobe.pdf 2015
[25] https://www.brandeins.de/magazine/brand-eins-wirtschaftsmagazin/2017/fortschritt/was-ist-der-sinn-des-menschen Meinung von Philosophen 2012 (Protokoll)
[26] https://www.tagesspiegel.de/wissen/krieg-in-der-steinzeit-ein-massaker-vor-10-000-jahren/12857506.html
[27] Beispielsweise Islam. http://www.fragenandenislam.com/icerik/was-ist-die-eigentliche-aufgabe-von-uns-menschen-dieser-welt *Der Mensch wird zum Diener Gottes*

einführten.[28] Es gibt Individuen, die für sich beanspruchen, die Einteilung selbst (bei anderen) vornehmen zu können, und verlangen, dass andere das akzeptieren. Das aber widerspricht dem Grundsatz, dass die Evolution sich frei entwickelt, selbst reguliert. Die **Moral** ist somit ein gesetztes, <u>allgemein gültiges Normgebilde</u>, was im Rechtssystem verankert sein sollte.[29] So kam man beispielsweise weitgehend überein, dass die „Schöpfung" durch den Menschen selbst nicht zerstört werden sollte. Es fehlt aber die Betrachtung, welche **Pflichten** dann dem Menschen obliegen, wenn sein Handeln außerhalb des Moralischen betrachtet wird: sollte er unbedingt effizient, d.h. möglichst verlustfrei planen und arbeiten, keine zur Naturordnung nonkonformen Entscheidungen treffen? Die generelle Formel, keine Ungerechtigkeiten zuzulassen und die Verantwortung dafür konsequent durchzuziehen, kann nur ein Musterbeispiel sein. Die Erfahrungen aus der politischen Debattenkultur sind ein Indiz für den Willen, ob man seine persönliche Haltung und Perfektion tatsächlich danach zurichtet, seine **Vervollkommnung** dahingehend anstrebt. Als intelligente Wesen sind wir eine Besonderheit im Universum und können uns dies immer wieder vor Augen führen und danach agieren. So kann das Individuum Teil der Geschichte werden, zu einer virtuellen Unsterblichkeit gelangen.[30]

Sinnsprüche zu Demokratie

Man soll die Stimmen wägen und nicht zählen; Staat muß untergehn, früh oder spät, wo Mehrheit siegt und Unverstand entscheidet.   Friedrich von Schiller 1805 (Demetrius)

Demokratie beruht auf drei Prinzipien: auf der Freiheit des Gewissens, auf der Freiheit der Rede und auf der Klugheit, keine der beiden in Anspruch zu nehmen.
Mark Twain (1835 - 1910)

Die Demokratisierung des Staates fördert bei allen edlen Seelen die Heilighaltung von Recht und Gesetz, bei unedlen dagegen verleitet sie die Pöbelherrschaft und Anarchie.
Wilhelm Roscher (1817 – 1894)

Bisher hieß, politisch vernünftig sein, das geringere Übel zu wählen. Doch was tun, wenn ich nicht mehr weiß, wo das geringere Übel liegt?   Peter Sloterdijk * 1947

Die heutige politische Klasse ist gekennzeichnet durch ein Übermaß an Karrierestreben und Wichtigtuerei und durch ein Übermaß an Geilheit, in Talkshows aufzutreten."
Helmut Schmidt (1918 – 2015)

In der internationalen Politik geht es nie um Demokratie oder Menschenrechte. Es geht um die Interessen von Staaten. Merken Sie sich das, egal, was man Ihnen im Geschichtsunterricht erzählt. Egon Bahr (1922 – 2015)

Die Demokratie setzt die Vernunft im Volk voraus, die sie erst hervorbringen muss!" Karl Jaspers (1883 – 1969) Psychiater, Philosoph

---

[28] https://community.zeit.de/user/diego448/beitrag/2011/01/05/die-wahren-wurzeln-der-religionen-evolution-und-religionen-der-gr%C3%B6%C3%9F   http://www.gesellschaftsevolution.de/gott.html D. Brandt, 2009
[29] https://de.wikipedia.org/wiki/Moral   Verhaltensvorschrift
[30] https://www.eurozine.com/die-vervollkommnung-des-menschen/ 2007 https://tinyurl.com/yaema6ja

2.3 Der lernende Mensch

Zunächst kollidierte die Besiedlung des Menschen auf der Erde nicht mit den natürlichen Bedingungen der Nahrungssuche; man jagte situationsgemäß frei und nahm auch einem Teil des Landes für sich in Besitz, allerdings in unterschiedlicher Größe – je nach Anteil an der Macht über Menschen. Daraus folgte eine Macht-Ungleichheit und später die rechtliche Frage nach der Verteil- und Teilhabe-Gerechtigkeit, denn der Grund und alle darunter liegenden Schätze gehörten doch der Gesamtheit der Menschen?[31] Heute sind Besitz und Eigentum vielfach rechtlich geschützt.[32] Der Mensch muss für seinen Bedarf kaufen, er ist weitgehend abhängig.

Nicht wenige denken über solch geistigen und praktischen Probleme überhaupt nicht nach oder sie übernehmen einfach das, was andere sagen, einige fürchten sogar das Nachdenken. Offenbar hat jedes Individuum seine eigene Ansicht, wenn auch mehr oder weniger beeinflusst durch andere.[33] Aber erst mit **Denken** werden Probleme erkannt und gelöst, werden vorgegebene Ziele auf Erreichbarkeit kritisch durchleuchtet, mit **konstruktivem Denken** wird ein positiver Beitrag für das menschliche Leben geleistet. Dabei ist die **Denkfreiheit** Voraussetzung geistigen Fortschrittes,[34] der bewusste Mensch weiß, dass er sich dafür frei machen muss von Zwängen, von Vorurteilen, von eingeübtem Schulwissen, z.B. über die Geschichte jüngster Zeit, wenn sie durch eine zweckgezielte Politik nachformuliert wurde.

Der Mensch möchte auch heute nach der Periode der Aufklärung und naturwissenschaftlicher Forschung seine Umgebung und die Geschehnisse **besser verstehen**, ja den Sinn, der hinter den wahrzunehmenden Vorgängen steckt, erkennen. Manchmal fällt das jedoch besonders schwer, wenn man keine Erklärung findet oder ihm etwas sogar als unplausibel, unvernünftig erscheint, wo doch allein die Tatsache des biologisch existierenden Lebens eine Garantie darstellen könnte, dass z.B. die menschliche Gesellschaft die dafür notwendigen Bedingungen aus sich heraus **bestmöglich** erfüllt.[35] Ein dem Fortbestand entgegenstehendes Verhalten des Individuums und insbesondere einer sozialen Gemeinschaft erschien ihm unsinnig, was schon die stammesgeschichtliche Hemmung bestimmter Handlungen, z.B. des Tötens der Mutter, nahelegt. Diese Hemmung ist stark mit dem **Gefühl** liiert.[36] Im Denken scheint der Mensch zunächst frei von solcher Bindung, vielmehr ein Produkt von **Moral** zu sein, er kann ja wählen und entscheiden, das **Selbstbestimmungsrecht** ausnutzen, was jedoch **Freiheit von induziertem Gedankengut** und ritualem Zwang bedeutet, was oft schwierig ist, weil man sich davon überzeugen muss. Der mit einem Höchstmaß an Verstand und Denkvermögen ausgestattete Mensch kann – wie man immer wieder feststellen kann sogar - **gegen sittliche Gebote** handeln, was beweist, dass die Gesellschaft nicht nur nicht einheitlich gebildet und geformt ist, sondern dass es auch keinen allgemeinen inneren Zwang oder eine Grunderkenntnis für „vernünftiges" Handeln gibt.

Nach den Philosophen soll es das absolut Gute gar nicht geben, es dürfte aber als (ideologische) Zielsetzung und zur Bewertung menschlicher Arbeit und Leistung doch geeignet sein.[37] Deshalb ist ständig Kritik herausgefordert und zwangläufig die Kunst, diese tatsächlich

---

[31] https://www.epochtimes.de/feuilleton/juergen-fritz-die-natuerliche-ungleichheit-der-menschen-a2414707.html Besitz als Quelle sozialer Ungleichheit > früher Kommunismus
[32] https://de.wikipedia.org/wiki/Eigentum_(Deutschland)
[33] https://www.welt.de/debatte/kommentare/article12933358/Die-Probleme-unserer-Zeit-ueberfordern-das-Individuum.html
[34] https://www.misesde.org/?p=1515 Friedrich ‚A. Hayek aus „Der Weg zur Knechtschaft" 1944
[35] http://www.psychiater-psychotherapie.com/?p=34597&lang=de Otmar Mäser, Psychologe
[36] https://www.tagesspiegel.de/wissen/moral-die-natur-des-guten/1465032.html von Bas Kast 2009
[37] https://de.wikipedia.org/wiki/Das_Gute https://www.philognosie.net/wissen-technik/philosophischer-ueberblick-was-ist-das-gute-und-das-boese

anzuwenden. Die **Kritikfähigkeit** sollte zu den obersten Geboten des Lernens gehören, aber sie ist kein **Schullehrfach**. Denn würde die eigenständige Kritik Allgemeingut, dann würde jedermann wägen und prüfen, was der andere sagt, was der Journalist schreibt; man benötigt einfach keinen Vorsager. Und man müsste die Nachprüfbarkeit erleichtern und die Quellen offenlegen, wozu eben nicht jedermann bereit ist, auch wenn es im Zeitalter moderner Digitalisierung möglich erscheint. Und die Gruppenbildung wäre erschwert, denn das Programm dürfte nicht mehr leere Worte enthalten, das fiele mindestens einigen Menschen auf.

Es wird behauptet, dass der Mensch lebenslang lernen würde, ständig einen Zugewinn an Wissen verzeichnen und damit sein Können und Verhalten verbessern, aber das höhnende Sprichwort „und nichts dazu gelernt" ganz was anderes sagt, es ist nichts Ungewöhnliches, wenn man aus Wissen und Erfahrung keine Schlüsse auf seine Handlungen zieht. Danach müsste jedermann in unseren Landen eigentlich wenigstens einen Grundstock an Wissen und Lernen in sich aufgenommen haben, vornehmlich in der Schule: *Kinder müssen in erster Linie lernen, altersgerechte mathematische Probleme durch eigenes Denken und Wissen zu lösen. Ein solcher Unterricht fördert das aktive, entdeckende Lernen.*[38]

Dabei umfasst das Lernen auch ein Einverleiben von Ansichten und Meinungen, z.B. in den Fächern Religion und Politik. Hier steht die **Glaubwürdigkeit** in Frage, was z.B. das Gericht durch den Beweis gesichert wird. in der Wissenschaft kann eine Theorie durch Erfahrungssätze nur induktiv erschlossen werden, weshalb hier mit Hilfe von Experimenten nachgeprüft wird.[39] Da eine **Hypothese** widerlegt werden kann, gilt sie nur bedingt bzw. bis zum Zeitpunkt der Nichtwiderlegbarkeit. Manche **Visionen** zeigen aber ihren Nutzen, so stellte sich Kekulé Benzol in Ringform der Kohlenstoffatome vor[40], eine bildliche Vorstellung einer Formel, die erheblichen Einfluss auf die Chemische Forschung hatte. Aber so manches erleben wir ständig und nehmen es als gegeben hin, so Kraftfelder, denen wir einen Namen geben (Gravitation, Magnetismus), so Beschleunigungs-Wirkungen (Katalyse[41]) u.a., von denen wir Gebrauch machen. Ihre Existenz wird nicht mehr bezweifelt. Im Wissen des Individuums ist vieles gespeichert, manches davon nützlich und wird vorteilhaft angewendet, aber vieles bleibt uns verborgen, manche Sachverhalte sind nicht durch- oder überschaubar und man sollte ihrer Auslegung nicht trauen, wenn sie einer **Kritik** nicht standhält, womit diese eine enorme Bedeutung erhält.

Lebenslang Lernen können, ist etwas Wunderbares, wenn es das Wahrnehmungsfeld erweitert und eine Sichtweise erlaubt, die erst durch das Studieren aufgedeckt wird. Ständig ist man gefordert, der **Informationsflut** Herr zu werden und zu ordnen, zu werten und zu verwerfen. Man wird überschüttet mit Thesen und politischen Verheißungen, mit Dingen, mit denen man eigentlich keine direkte Beziehung hat, wo man dem Verkünder nicht ohne weiteres Glaubwürdigkeit bescheinigen kann. Man lernt, **misstrauisch** zu sein, zu prüfen dort, wo es angebracht zu sein scheint oder ist. Das kann man aber nur, wenn man nicht nur lernt, sondern es kritisch verarbeitet, in sein Arbeitsgedächtnis niederlegt.[42] Allerdings gehört zum lebenslangen Lernen auch, **Informationsmüll** abzuwerfen und sich nicht auf bloßen Meinungskonsum zu verlassen, sich selbst in positive Unruhe zu versetzen. Die Ungeduld des Kindes im Fragen „Warum" ist lebenslang ein nützlicher Lernbegleiter.

---

[38] https://www.schulministerium.nrw.de/docs/Schulsystem/Schulformen/Grundschule/Lernen-in-der-Grundschule/Faecher/index.html
[39] http://scienceblogs.de/arte-fakten/2009/05/05/karl-popper-und-das-problem-der-falsifikation/
https://de.wikipedia.org/wiki/Falsifikationismus
[40] https://www.zeit.de/1965/38/kekules-traum
[41] https://de.wikipedia.org/wiki/Katalyse
[42] http://www.bpb.de/gesellschaft/bildung/zukunft-bildung/197495/lebenslanges-lernen?p=all

2.4   Die menschliche Gruppenbildung und ihre Folgen

Offensichtlich kann der Mensch **nicht allein** leben, weshalb es ihm ein Bedürfnis ist, in einer Gruppe zu sein[43], weil es ihm z.b. Vorteile für das Überleben bietet. Schon in der Tierwelt bilden sich kleine Verbände, zweckgerichtete Gruppen, wofür das Wolfsrudel ein Beispiel sei. Hier kennt man sich untereinander und kann sich im Wert einschätzen. Da es in gewissen Fällen, z.B. bei der Jagd, für einen Erfolg auf gemeinsames Handeln ankommt, wird ein Leittier ausgewählt, dass jedoch seine Stellung immer wieder beweisen muss. Bei den frühen menschlichen Familiengruppen wird z.B. für Kämpfe gegen Feinde der tüchtigste zum Hordenführer[44] gewählt oder bestimmt, was natürlich auch hier nicht für alle Zeit gilt. Die Beziehung der Menschen in der Gruppe zueinander ist bei einer Selbstbildung oft vom gleichen Zweck be-stimmt, bei einem Anschluss ordnet man sich ggf. unter. Ist die Menge der Personen groß, so spricht man von einer Masse, meist sogar abfällig, soziologisch als untere Schicht bezeichnet, die von einer dominierenden Macht instrumentalisiert werden kann.[45]

Das Entstehen von Herrschern mit der ihnen nachgeordneten Schicht ist uneinheitlich, in der Antike ist der Adel als Gruppe belegt, es gab einen durch Grundbesitz gekennzeichneten Stand, der die Geschicke des Imperiums im Wesentlichen bestimmte. Von Bedeutung waren die Verbindungen innerhalb dieser Schicht, die eigene Ziele verfolgten.[46] Angeblich war für die Adelsauszeichnung die **Leistung** des einzelnen für die Gemeinschaft maßgebend.[47] Die Erblichkeit des privilegierten Standes im Titel verwischte dann diese Begründung und war sogar Anlass für so manche Fehde seitens der Untergebenen. Aber es gab auch Gruppen, die sich im Kampf um Rang und Ordnung (im Mittelalter) instituierten wie die Handwerker (Gilden), die ihre Vorrechte lange Zeit gegen eine von oben verfügter Auflösung verteidigten. Seit dem Mittelalter organisierten sich die Menschen auch in Vereinen; sie nahmen Aufgaben wahr, für die nach heutiger Einschätzung der Staat oder Kommune zuständig sind, z.B. im Bereich der Wohlfahrt.[48]

Die Neigung der Individuen, sich Gruppen anzuschließen, ist ein Zeichen, dass der Mensch **nicht gern allein** ist und andererseits das Bemühen, bestimmte Interessen durch eine hohe Mitgliederzahl mehr soziales und politisches Gewicht zu verleihen. Die staatlichen Organe sehen jedoch bestimmte Gruppen als Fremdkörper an, besonders dann, wenn sie staatzerstörende Wirkung entfalten können und schlecht fassbar sind. In moderner Zeit sollen **idealisierte Ziele** helfen, das politische Gewicht zu erhöhen, wobei man sich nicht scheut, zu Mitteln des Informations-Krieges zu greifen; es kommt da nicht auf die Wahrheit an, weil sie ohnehin vielfach nicht oder nur sehr schwer entdeckbar ist.[49] Für manchen in der Gesellschaft ist die Wahrheit egal.[50]

---

[43] http://www.scinexx.de/dossier-detail-133-4.html
       https://www.philso.uniaugsburg.de/lehrstuehle/soziologie/sozio1/medienverzeichnis/Bosancic_WS_07_08/
       GK_Mi_Gruppe_PP.pdf https://www.google.com/search?q=Gruppenbildung+Geschichte&ie=utf-
       8&oe=utf-8&client=firefox-b
[44] https://link.springer.com/chapter/10.1007/978-3-531-90032-2_7
[45] https://www.brgdomath.com/psychologie/sozialpsychologie-und-kommunikation-tk5/massen/
       https://www.dasgehirn.info/aktuell/frage-an-das-gehirn/wann-entscheidet-die-masse-besser-als-der-einzelne
[46] https://www.thorbecke.de/adelsgesellschaften-p-346.html
[47] https://de.wikipedia.org/wiki/Adel
[48] https://www.neumeyer-abzeichen.de/blog/die-geschichte-der-vereine/
[49] https://www.rowohlt.de/news/kein-mensch-will-die-wahrheit.html
[50] https://community.beck.de/2016/12/04/ist-die-wahrheit-wirklich-egal-verteidiger-jens-rabe-im-interview

2.5　Der Weg zu einer geführten Gesellschaft

Über lange Zeit haben wir nur sehr wenig direkte Kenntnis von der Entwicklung des Menschen zu einem *homo sapiens* und von der Größe und Verteilung der Bevölkerung der Erde. Erst zum Zeitpunkt des Eintritts in die schriftliche Zeit können wir ableiten, dass die einzelnen Populationen anfangs wohl recht klein waren. Ihre Einstellung zur Umwelt ist hauptsächlich dem Zweck der Beschaffung von Nahrung, also der Jagd und später dem Ackerbau gewidmet. Als von ihnen nicht beeinflussbar war das Lebensende des einzelnen Individuums, was ebenso für gewisse Naturereignisse zu gelten hat. Vermutlich entspringt hier auch – mythisches in Verbindung mit abstraktem Denken – das, was wir Religion nennen, im Inhalt offenbar nur jeweils für eine Populationseinheit gültig.[51]

An den Groß-Grabmalen der Steinzeit können wir die gewaltige Kraft vereinter Anstrengung für eine definierte **Aufgabe** erkennen, das, was kultur- und sozialgeschichtlich als Zeichen einer ordnenden Struktur gedeutet werden kann, die insbesondere eine gelenkte Arbeitsteilung über eine Anzahl Menschen umfasst. Dafür notwendig ist ein Leit- oder **Führungsorgan**[52], was die qualitativen Eigenschaften dafür aufweist, die durch das Verhalten einzelner in der Gemeinschaft für andere sichtbar sind und damit von ihnen erfahren werden. Da im ältesten Teil des Gehirns, im Hirnstamm beim Mensch von Natur aus die Anlage nach Anschluss[53], nach Schutz mit sich trägt, und erst später in der Großhirn die Grundlage für das rationale, bewusst logische Denken verankert ist, ordnet er sich nahezu unwillkürlich zu einer **Gefolgschaft** unter, woraus dann hierarchische Gliederungen entstanden sind. Im Laufe der Geschichtszeit ergaben sich dann bestimmte Herrschaftsformen mit Vasallen, Abhängigen.[54]

Der Mensch beobachtete schon in seiner Frühzeit die Natur sehr genau und vermerkte sich die Wiederholungen von Tier- und Naturereignissen, er erarbeitete sich systematisch reflektierend ein **Wissen** zu seinem eigenen Nutzen, unterschiedlich je nach Individuum. Mit dem Ackerbau konzentrierte sich die Bevölkerung an den dafür geeigneten Stellen, unter den Bevölkerungsteilen setzte nun Wettbewerb ein und damit womöglich der Wunsch nach **Macht** für diejenigen Individuen, die eine herausragende Stellung im Wissen, um die Interpretation der Natur, wohl auch der Technologie, Religion usw. im Bewusstsein ihrer Mitmenschen erlangten, indem ihre Erfolge positiv beurteilt und bewertet wurden, im Laufe der Evolution dann graduell abstufend verfeinert und mit moralischen Grundsätzen belegt.. So entstand eine Unterordnung unter eine Persönlichkeit, mit **Gefolgschaft** bezeichnet. In gestraffter Organisation konnte so die Fähigkeit des Menschen, sich gezielt mit entsprechenden Mitteln zu versorgen und schließlich auch zu verteidigen oder zur Machterweiterung genutzt werden. Es ist allerdings unklar, ob wegen der Machtfülle in einer einzelnen Person oder einem Geschlecht das Bestreben entstand, den Machtbereich weiter auszubauen, z.B. zu einem Imperium[55], oder ob es eine Notwendigkeit war, einen einmal erlangten Stand zu verteidigen, zu verfestigen oder auch aus einem anderen Motiv. Meist scheinen die inneren Konstellationen in der Gesellschaft das Entscheiden bestimmt zu haben, wobei auch mit von Einfluss waren eine Art Mission zu absolvieren, ein Sendungsbewusstsein, ein heilversprechendes Vorgehen usw..

---

[51]　https://tinyurl.com/yb367aeo Dissertation Andreas Kott, Universität Köln, 2003
　　　http://corvodinotte.com/fileadmin/data/buecher/Faessler_Gott-und-Goetter_Inhalt.pdf
[52]　https://de.wikipedia.org/wiki/Menschenf%C3%BChrung
　　　http://lexikon.stangl.eu/2856/fuehrung/exikon.stangl.eu/2856/fuehrung/
[53]　https://www.spektrum.de/rezension/neuro-web-desoign/L1024439 2010　S.- 112
[54]　https://de.wikipedia.org/wiki/Liste_der_Herrschaftsformen
　　　https://de.wikipedia.org/wiki/Liste_der_Staatsformen_und_Regierungssysteme
[55]　http://docupedia.de/zg/Imperium

Die Geschichtsschreibung kennt viele Einzelpersönlichkeiten, die mit Hilfe ihrer Gefolgschaften ein Unternehmen „zielgerichtet" leiteten, mehr oder weniger erfolgreich, oft ohne Scheu vor Verlusten. Vor allem im politischen Raum wurden selten Maßstäbe über die **Effizienz** ihres Handelns angelegt. Es gibt eigentlich bis heute keine reguläre Instanz, vor der der (politisch) Leitende Rechenschaft über sein Tun ablegen muss – und es gab auch keine Kriterien, wonach dessen Effizienz gemessen und die **Zukunft des Unternehmens** mit all seinen Menschen abgeschätzt werden konnte. Die Untertanen waren zum Stillhalten, zum Dulden verdammt, ihnen widmet sich kaum ein Historiker. Dabei gibt es genügend Fälle, in denen ein Unternehmen, Reich, Imperium unterging, nicht zuletzt infolge Versagens der **System-Führung** (Management), denn bereits Menschen, die zusammenleben usw. bilden ein funktionales System, in dem eine Ordnung sachgerecht erhalten werden muss und dazu sind Bedingungen zu erfüllen. Wenn heute in einem **politischen System**[56] ohne ausreichendes und überlegenes Fachwissen gearbeitet, gesteuert, regiert wird, so braucht man sich über die negativen Folgen nicht zu wundern. beispielsweise dann, wenn der parteilich eingesetzte Minister sich von seinen Fachleuten oder externen Beratern über ein komplexes Problem berichten lässt; ohne selbst sich strategisch darüber auszukennen.[57] Jedoch muss auch erwähnt werden, dass bei Überbewertung parteilich eigener Interessen z.B. für die nächsten Wahlen, den Ruin eines Staates verursachen können.

Allgemein ist der Mensch nur begrenzt fähig, komplizierte Systeme und Probleme in seinen Elementen, Funktionen usw. in ihrer **Bedeutung für das Ganze** zu durchschauen, aber das ist erforderlich, um ein System bei sich ändernden Umständen zukunftssicher und effizient zu erhalten. Von gravierender Wichtigkeit sind grundlegende Eingriffe in bisherige Wirtschaftsweisen, militärische Abenteuer und (soziale) Unzufriedenheit bei den Untertanen bzw. den in irgendeiner Weise System-Abhängigen. Von jeher hat man daher versucht, durch Analysen, Kontrollen und Planungen mögliche Schwachstellen im System, in der Organisation Herr zu werden, aber hier scheint es große Unterschiede bei den Mächtigen der geschichtlichen Zeit zu geben, offenbar eine Folge unklarer Verantwortlichkeiten, einer parteilich geprägten politischen Struktur der Systems und der Beeinflussung der menschlichen Wahrnehmungen über gelenkte Kommunikation und später dem Massenmedien. Der Führende muss heute nicht nur sowohl die ökonomische als auch die soziale Komponente im Auge behalten, sondern das ganze System, und ohne Vertrauen ist ohnehin keine engagierte Mitarbeit der Menschen möglich, ohne Orientierung schwindet die Redlichkeit.[58]

Das **politische System** ist lebendig, dynamisch und heterogen, sein Lebensprozess enthält viele individuelle Reaktionsweisen auf Veränderungen in der Ordnung, in der Art des dauerhaften Personenverbandes, in der territorialen Abgrenzung, in dem Durchsetzungsapparat, in den Verfahren usw. und auf Änderungen im Gemeinwohl. In der Vorstellung wird ein „guter" Staat z.B. mit dem einer demokratischen Untermauerung durch eine Verfassung gleichgesetzt, was aber nichts darüber aussagt, dass das Volk als Einheit angesehen werden kann.[59] Der Begriff der **Mehrheit** besagt nichts über den inhaltlichen Wert aus, denn normalerweise soll ein Unternehmen in einem **Bestzustand** existent gehalten werden, von der Seite der Regierung möglichst optimal regiert. Es ist klar, dass substanziell ein Schaden vermieden werden muss, was beispielsweise mit wirtschaftlichen Einbußen übersetzt werden kann. Das gilt insbesondere für die Gefahrenabwehr, das vermeidbare Risiko.[60] Dabei sind auch die Minderheiten in

56 http://www.bpb.de/nachschlagen/lexika/handwoerterbuch-politisches-system/202096/politisches-system?p=all
57 https://tinyurl.com/ycbalgpc Friedrich Reutner, Der effiziente Staat, 1996/2013. S-. 112/113
    https://www.regierungsverantwortung.de/ Jürgen Lauber
58 http://www.a-m-t.de/fileadmin/download/Per03.pdf Rupert Lay, Das soziale System „Unternehmen".
59 https://www.fernuni-hagen.de/KSW/bapo/pdf/schaukasten_33203_Kap1_Auszug.pdf
60 https://tinyurl.com/yawl6skm Staatszwecke im Verfassungsstaat, 1990, S. 186 Artikel 56 GG

ihren berechtigten Verlangen gleichwertig zu befriedigen, auch wenn sie von den tragenden **Parteien** nicht vorgesehen sind oder vertreten werden, schon deshalb, wenn sie zwar ungewohnte Sichtweisen anwenden und ideologischen Grundannahmen einer Partei widersprechen, aber auf verstandesgemäßer wissenschaftlicher Grundlage fußen.

Nach heutigen Forschungsergebnissen bestand schon zur Zeit der neolithischen Revolution eine sprachliche **Kommunikation** zwischen den Menschen.[61] Kenntnisse und Erfahrungen wurden ausgetauscht und man konnte herausfinden, in wieweit die Individuen qualitativ unterschiedlich für ihre Arbeiten in der Gemeinschaft (Gruppe) geeignet waren. Man musste durch die Fähigkeit, symbolhaft und abstrakt zu denken, Neues erst sprachlich fassen und konnte das sodann als **Information** an andere Individuen weitergeben, was gerade bei Neuerfindern oder bei erweiterten Fertigkeiten unumgänglich war. Einiges wissen wir noch nicht, etwa wie in einer hierarchisch strukturierten Gemeinschaft die Kommunikation zwischen den **Leitungsorganen und den Untertanen** erfolgte, da sicher zunächst die Imitation zur Hilfe genommen oder bei militärischen Operationen der Wortschatz usw. vereinfacht wurde. Auch die heutigen Massenmedien nutzen die Vereinfachung und die Wiederholung, um ein möglichst breites Publikum zu erreichen. Die individuelle sprachliche und kommunikative Verständigungs-Fähigkeit beschränkt schließlich einen Gedankenaustausch, z.B. über eine Kritik an den Parteien und der Regierungsarbeit. Die sozialen Netzwerke geben auch solchen Nutzern Raum, weil die sich dort meist frei – aber anonym – in Kommentaren und Kritiken äußern können, sie geben neben den Meinungsumfragen einen Einblick in die Palette der **Meinungen im Volk**, wenn man sie dort liest und wahrnimmt.[62]

Jedes **Individuum** unterscheidet sich in seiner Identität, in seiner Meinung und Sichtweise von anderen.[63] Dabei steht das Individuum ständig in Wechselwirkung zu anderen, zur Gesellschaft und es bedarf einer besonderen Anstrengung, tatsächlich seine eigene Meinung zu vertreten, denn von Natur aus will er nicht in der Masse untergehen, andererseits doch ein Teil der Gesellschaft sein, womit es sich einer Gruppe von Ungleichen zuordnen lässt, denen es in seinen Meinungsmerkmalen am nächsten kommt.[64] Die durch Umfragen ermittelte „öffentliche" Meinung hat durch ihre kompakte Fragestellung und durch die möglicherweise angepaßte Meinungsäußerung prinzipielle Schwächen[65], die bei Herauslesen aus sozialen Netzwerken, Kommentaren usw. weitgehend vermieden, aber durch das Einwirken der redaktionellen Überarbeitung (Umstellen, Löschen usw.) Störungen aufweisen, abgesehen von der Tatsache, dass unliebsame Darstellungen gar nicht veröffentlicht werden können.[66]

Umfragen werden für eine bestimmte Thematik, z.B. bei Wahlen, der Flüchtlingsproblematik usw. gemacht und sie sind gehalten, dass man die Einstellung des (repräsentativen) Antwortenden erfasst, sie lassen keinen oder wenig Raum über Inhalt und Sinn und die kognitive Qualität des Antworters, der sogar gefordert ist, spontan Stellung zu beziehen.[67] Individuelle **Kommentare** dagegen schreiben ihre Ansicht preis und die Leser und Auswerter müssen

 https://philosophia-perennis.com/2017/01/08/amtseid-abschaffen/
 https://www.lto.de/recht/feuilleton/f/rechtsgeschichte-eid-schwur-politik-verbindlichkeit-justiz/
[61] https://www.ruhr-uni-bochum.de/biopsyseminare/data/studentenprojekte/seminar-evolution%20ss02/evolution%20der%20sprache/Evolution%20der%20Sprache-Internet.HTM
[62] https://tinyurl.com/y95wazu3 Richard Pircher, 2014 Wissensmanagement, -transfer, netzwerke
[63] https://www.neopresse.com/gesellschaft/das-individuum-und-ich-was-bedeutet-individualismus/
[64] https://www.grin.com/document/313278 H.Atasavi. Die Krise des Individuums. Universität Duisburg-Essen
[65] https://www.grin.com/document/294718 Th. Widenka, Öffentliche Meinung zwischen Individuum und Masse. Universität Passau. 2014
[66] https://blog.zeit.de/glashaus/2018/03/02/wie-wir-leserkommentare-moderieren/?sort=desc&comments_page=1#comments
[67] https://www.global-review.info/2018/03/22/volksmeinung-der-alte-streit-zwischen-volksentscheid-und-demokratischen-wahlen/

herausfinden, was die echte Meinung ist, vornehmlich zu Zwecken des Publikationsorgans. Im **Sozialen Netzwerk** wird die individuelle Meinung für die anderen im Netz eingegeben, man kennt den Verfasser nicht, es muss durchaus nicht ein Individuum sein, weshalb man nur Trends in der Meinung erfassen kann. Man ist nicht davor gefeit, dass einzelne oder eine Minderheit versuchen, den generellen Ton zu bestimmen mit dem Ergebnis, dass beispielsweise nur 5 % für etwa 50 % der Zuschriften ermittelbar ist.[68]

Besonders ist das der Fall, wenn man eine semantische Analyse etc. für die Ermittlung gesellschaftlicher Kommunikationsdynamik benutzt.[69] Hierbei müssen in einem ersten Prozessschritt die relevanten Daten bestimmt und die nötigen Textbausteine herausgesucht werden. Zusätzlich folgt aus der Art, dass bei Umfragen sich nach Möglichkeit an eine (ausgewählte) repräsentative Stichprobe zu halten ist, dass die andern (automatisierten) Verfahren oft kaum eine Chance haben, die Urheber sicher auf ihre spezifische Repräsentativität zu untersuchen.[70]

Übel ist, dass für das Durchlesen bei einer hohen Zahl der Kommentare viel Zeit benötigt wird, dass manche Beiträge polemischen Charakter und oft emotionale Motivation auf die Veröffentlichung des journalistischen Schreibers aufweisen, vornehmlich dann, wenn dessen Meinung nicht beigepflichtet werden kann oder wenn ihr widersprochen wird: mancher kommt deshalb mehrfach vor, obwohl bereits die Redaktion aus ihrer Sicht unerwünschtes oder das für sie negative ausgesiebt hat Aus dem Lesen vieler Kommentare gewinnt man den Eindruck, dass mancher zu schnell verfasst, es offenbar wenig Sorgfalt auf das Recherchieren der Thematik Wert gelegt wird. Nicht selten fehlt auch die fachliche Kenntnis. Bedauerlich für eine Analyse der zum Ausdruck gebrachten Meinungen üben schon die Redaktionen oder Moderatoren für die Leserbriefe eine Korrektur- oder Sperrfunktion, also eine Zensurfunktion aus, oft merkbar an ihrer Ausgleich-Tendenz[71], weshalb bei manchen Moderatoren die **Objektivität und Transparenz** zu steigern nötig wäre. Die Schreiber zu einer angemessenen Anständigkeit zu bringen, dürfte wenig Machbarkeit haben.[72] Das fällt so manchem beim Lesen auf:

Auch wenn es keine Zensur im staatlichen Sinne ist, gewinnt man dennoch manchmal den Eindruck, dass Beiträge mit unbequemen Meinungen (insbes. in Bezug auf Migration und auf eine monotheistische Religion mit einem gewissen Radikalisierungspotential) vorschnell entfernt werden. Man sollte auch etwas mehr Mut bei zugespitzten Formulierungen oder intelligenten Polemiken haben. Beschimpfungen, Diffamierungen etc. müssen natürlich entfernt werden, keine Frage. Überzogene **politische Korrektheit** *ist genauso von übel wie verbale Hassorgien. Aber nach nunmehr 13 Jahren präsidialer Kanzlerschaft durch A. Merkel, in der die lebendige Debattenkultur sowohl medial als auch parlamentarisch praktisch zum Erliegen kam, muss auch die profilierte* **politische Auseinandersetzung auf hohem Niveau** *erst wieder eingeübt werden. Das gilt für Politiker, Journalisten und Kommentatoren gleichermaßen. Die meist sehr jungen Moderatoren und Moderatorinnen sind in der übertriebenen Merkelschen Konsenskultur aufgewachsen und kennen den Schlagabtausch zwischen politischen Schwergewichten wie Strauß und Wehner nur aus den Geschichtsbüchern. Ich wünsche mir daher für*

---

[68] http://faktenfinder.tagesschau.de/inland/hasskommentare-analyse-101.html Hasskommentare, 2018
[69] https://www.zeit.de/digital/internet/2012-10/stimmung-analyse-social-media https://www.wi.uni-muenster.de/de/institut/ehemalige-gruppen/kuk/personen/stefan-stieglitz Social Media Analytics https://www.bigdata-insider.de/was-ist-social-media-analytics-a-623742/
[70] https://netzpolitik.org/2016/analyse-von-spiegel-online-so-tickt-deutschlands-groesste-nachrichtenseite/ https://www.heise.de/tp/features/Geschlossene-Leserforen-bei-Spiegel-Online-3640146.html?seite=all
[71] http://faktenfinder.tagesschau.de/inland/hasskommentare-analyse-101.html Moderatorenwirkung
[72] https://netzpolitik.org/2016/moderation-bleibt-handarbeit-wie-tageszeitungen-leserkommentare-moderieren/

das Forum mehr Mut zum politischen Disput über die Dinge, die uns bewegen und weniger Angst beim Benennen von Missständen.[73]

3.1 Das Zustandekommen der Meinung eines Individuums

Unter einem Individuum versteht man ein Einzelwesen bzw. jemand Besonderen, der von anderen Personen unterschieden und als menschlich eigene Persönlichkeit – auch als Element einer Gemeinschaft - definiert wird; es wird ihm zuerkannt, dass er z.B. sein Leben selbst bestimmen kann. Unsere gegenwärtige menschliche Erkenntnis zeigt uns auf, wie wichtig die Fähigkeiten des **Individuums**, des Menschen schlechthin im Alltagsleben und in einer Gemeinschaft mit anderen Menschen sind, weshalb die **Bildung** in fast allen Staaten der Erde zu einem Ziel erklärt wird. Idealer Weise will man erreichen, dass durch sie alle im Individuum genetisch vorhandenen Veranlagungen möglichst weitgehend ausentwickelt werden.[74] Dabei kommt der einzelne Mensch erst durch die Erfahrungen mit der Gesellschaft zum Entfalten seiner eigenen Individualität, erst in der Auseinandersetzung mit der Gesellschaft wird das Individuum vollendet, es erhält laufend weitere Anstöße zur geistigen Verarbeitung.[75]

So kann das Arbeitsgedächtnis, die Konzentrationsfähigkeit, aber auch die Informationsverarbeitung, Denkprozesse und logisches Schlussfolgern trainiert werden. Aber nicht jedes Individuum ist frei genug, selbst über sein Wollen zu bestimmen[76], hat den gleichen Antriebs-Willen, das zu tun und jede Gelegenheit zu nutzen, seine Kritik- und Argumentationsfähigkeit zu bessern. So erhält jeder, mehr oder weniger beeinflusst, seinen eigenen Charakter, an den fortan weiter Ansprüche gestellt und dann Veränderungen wahrgenommen werden können. Will er **aktiv mitwirken**, so verlangt das, sich in eine Problematik vertieft hinein zu denken, um einen persönlichen Beitrag zum Erreichen eines gesteckten Zieles, zum Problemlösen leisten zu können. Dabei sollte immer das Bemühen vorhanden sein, wirklich unabhängig von den anderen einen eigenen Vorschlag einzubringen.[77]

Es wird behauptet, dass durch bestimmte, von anderen unterscheidbaren Merkmalen im Verhal-ten jedes Individuum seine eigene **Identität** erhält. Hätte das Individuum wie alle um ihn herum die **gleiche Meinung**, würde er sich nicht mehr unterscheiden und würde geistig aus-tauschbar sein. Ein erster Unterschied besteht schon in der Verarbeitung von Emotionen, sich weitgehend frei von ihnen zu machen.[78] Da Menschen jedoch oft das Verlangen haben, nicht singulär aus einer Gruppe herauszuragen, schließen sie sich eher einer Gruppenmeinung an, die oft aus der Anpassung an die eines Wortführers entstanden ist. Das Individuum taucht dann allerdings in der Menge unter.[79]

Die **individuellen Fähigkeiten** sind also jeweils verschieden und in einer Menschenmenge zwar vergleichbar, hier aber eben nicht gleich. Die Zuerkennung von Gleichheit entstammt der einstigen politischen Forderung nach gleichen Menschenrechten[80] im Rechtswesen und in

---

[73] Kommentar 341 von Vox critika in Zeit Online https://blog.zeit.de/glashaus/2018/03/02/wie-wir-leserkommentare-moderieren/?sort=asc&comments_page=35#comments Vgl. K.- 427 2.3.2018

[74] https://www.grin.com/document/300775 Rabich, 2015, Wirkungseffizienz des menschlichen Individuums.

[75] https://www.wissenschaftskommunikation.de/ein-denkanstoss-fuer-eine-weitergehende-fruchtbare-diskussion-5917/ Martin Schneider, 30.06.2017 Denkanstoß für weitere fruchtbare Diskussion

[76] https://wendezeit.ch/was-ist-selbstbestimmung-selbstbestimmungsrecht https://karrierebibel.de/selbstbestimmung/ Die Gefahr, von fremden beeinflusst zu werden, ist groß

[77] http://www2.in.tu-clausthal.de/~reuter/mmks.pdf S. 83-88

[78] https://www.grin.com/document/266455 Christoph Ehrlich 2010 118 Seiten Umgang mit Emotionen

[79] https://books.google.de/books?isbn=3746926629

[80] https://www.menschenrechte.jugendnetz.de/menschenrechte/glossar/gleichheit/

Achtung und Würde gegeneinander, weil im Laufe der menschlichen Geschichte sich ein abgestuftes Autoritätswesen etabliert hatte und einzelne Individuen von diesen Autoritäten in Abhängigkeit gerieten. Die Reaktionen waren wegen der geistigen Verschiedenheit unterschiedlich von der Betonung der **Individualität** bis zum Revolutionär und andererseits bis zur Unterwerfung. Für die Meinung eines Kollektivs ist es dabei gleichgültig, auf welche Weise die Unterwerfung erfolgt, auch die Versklavung gegenüber dem digitalen oder medialen Apparat gehört hierzu.[81] Dem Gruppenzwang oder dem Mehrheitsdenken zu widerstehen, bedarf einer besonders starken Individualität und die ist evolutionär selten.[82]

Das menschliche Dasein ist als Säugetier in der Natur von vornherein auf die kleinste Gemeinschaft, die „Familie" konzipiert[83]. Entwickelt ist das menschliche Individuum jedoch erst mit der grundsätzlichen Fähigkeit, allein den Existenzkampf zu bestehen und in der sozialen Grundstruktur das Erbgut an die nächste Generation weitergeben zu können. In der nachgeburtlichen Weiterentwicklung des Gehirns kann er sinnliche Wahrnehmungen gedanklich verarbeiten und sich sogar mit sich selbst beschäftigen. Im **sozialen Zusammenhalt**, den Formen der Arbeitsteilung, gegenseitigen Lernens sowie der Weitergabe von Gruppenwissen und Traditionen wird der Menschen zu einem in vielen Bereichen **überlegenen Individuum** gemacht. Es ist dabei jedoch nicht nur Objekt, sondern auch Subjekt, das zu einem abgestimmten Verhalten gezwungen wird. Es muss Denkergebnisse anderer übernehmen und für das **Zusammenleben Regeln** aufstellen und für deren Einhalten sorgen.[84] Können Individuen angenähert als gleichartig charakterisiert werden, spricht man von einer **sozialen Schicht**.[85] Wenn sich Menschen als benachteiligt fühlen und so auch angesehen werden, spricht man von einer **unteren Schicht**. Möglich ist, dass ein Individuum auch Beschränkungen in seiner Freiheit hinnehmen muss[86], die irrationale Autorität z.B. der einer Mehrheit anerkennen, wobei die individuell kritische Haltung möglichst gewahrt und die Vermassung vermieden wird.

Die **Gleichartigkeit** einer Schicht beschränkt sich meist auf einige Indizien. So leben die Menschen der **Unterschicht** *in prekären Lebensverhältnissen, die von Familienproblemen, einer schwierigen Wohnsituation, niedrigen Einkommen und häufiger Arbeitslosigkeit gekennzeichnet seien. Diese **Gruppe** resigniert und sieht für sich keinerlei Aufstiegschancen mehr. In der Migrantengruppe kommt die Hälfte der Fünfzehnjährigen im Lesen nicht über das Grundschulniveau hinaus. Jeder zweite Deutschtürke bleibt ohne Berufsabschluss – und landet häufig in der Arbeitslosigkeit.*[87] Es scheint natürlich, dass die Erwartungen dieser Schicht durch die **politischen Parteien** nur sehr bedingt erfüllbar durch die, demgemäß ist die Enttäuschung groß; die *Hoffnungen werden von diesen jedoch lediglich mit allgemeinen Aussagen wie der, dass alle am Aufschwung oder am Wohlstand teilhaben sollten, beantwortet.*[88] Die Parteien kennen als Schicht definitiv als „sozial Benachteiligte", deren Lage bei häufiger Formulierung verbessert werden sollte, worauf diese Schicht bei der Wahl ihnen ihre Gunst versagt. Aus Untersuchungen geht hervor, dass die Meinungen innerhalb der Schicht heterogen verteilt sind, aber dass der generelle Schluss einer Vernachlässigung durch die

---

[81] http://aktuell.ruhr-uni-bochum.de/pm2012/pm00387.html.de Bert te Wildt. Medialisation ISBN 978-3-525-40460-7

[82] https://www.tagesspiegel.de/meinung/individualitaet-als-massenphaenomen-evolutionsbiologisch-sind-wir-hollaender/9384588.html Vince Ebert, 2014

[83] https://tinyurl.com/ybvbkh98 Günter Thielen, 2016 Internationaler Tag Familie

[84] https://tinyurl.com/y74g5awy Christian Callo, das bewegte Denken. ISBN 978-3-486-58602-2 2007/2010 München: Oldenbourg, W.de Gruyter, S. 190ff.

[85] https://de.wikipedia.org/wiki/Soziale_Schicht

[86] https://www.grin.com/document/337402 Rabich, Denkfreiheiten/Meinungsbildung, 2016 https://tredition.de/autoren/adalbert-rabich-23467/das-individuum-paperback-102118/ 2018 http://www.rechtslexikon.net/d/sozialbindung/sozialbindung.htm

[87] https://www.welt.de/politik/deutschland/article5045843/Diese-Gruppen-gehoeren-zur-Unterschicht.html

[88] http://www.bpb.de/apuz/31032/die-unterschicht-und-die-parteien?p=all Reaktionen der Parteien

Politiker deutlich festzustellen ist.[89] *Um die, wie Soziologen sagen, verhärteten Milieus aufzu-brechen, in denen materielle Not und Bildungsarmut von einer Generation an die nächste vererbt werden, reicht es nicht, eine Bildungsoffensive zu starten. Der **klassische Sozialstaat** bleibt gefragt*[90], d.h. die Umsetzung programmatisch verkündeter Ziele.

3.2 Meinung und Kenntnis einer definierten Menschenmenge

Es ist davon auszugehen, dass die Menschen anfänglich ihrer Evolution sich von pflanzlichen Früchten und von den erjagten Tieren ernährten und dabei bereits kleine Gruppen bildeten, weil ihr Existenzkampf so verbessert werden konnte. Die je nach Landschaft in unterschied-lich angewandter Jagdtechnologie herumstreifenden Gruppen konnten sich daher über lange Zeiträume nur zu kleinen Populationen zusammenfinden, u.a. abhängig von den klimatischen Bedingungen. Die erfolgreichen Populationen hatten in der Stammesgeschichte des Menschen die besten Überlebenschancen. Im Laufe von Generationen vermehrte sich die menschliche Bevölkerung daher unterschiedlich schnell. Schließlich verbreitete sie sich über die Land-massen der Erde[91], in ihrer Bevölkerungsdichte und damit ihren Problemen deutlich erkenn-bar.[92]

Es konnte nicht ausbleiben, dass **Menschengruppen** und dabei Machtstrukturen unterschied-lichster Art entstanden. Die Geschichte offenbart dann, dass, wenn Menschen eine ähnliche politische Gesinnung annehmen und sich finden, sie sich zu einer **Partei** organisieren, worun-ter man eine auf Dauer angelegte Organisation versteht, deren Mitglieder deren Vorstellungen in ihrer relevanten Gesellschaft verwirklicht sehen wollen und deshalb alle zur Verfügung ste-henden Mittel und Verfahren einsetzen. Gesellschaftliche Großkonflikte führten seit dem 19. Jahrhundert zum Aufkommen von **Parteiensystemen**, nicht immer klar und beständig in der Realisation ihrer Ziele, so wird z.B. aus einer militärfeindlichen eine, die später den Haus-haltserhöhungen zustimmende. Nur die Gründer wissen offensichtlich darum.

So ändert sich (auch) die innerparteiliche Struktur und mit ihr die Personen, die oft langjährig ihren Einfluss weiter ausgebaut haben. Dominiert das **Mehrheitsprinzip**[93], so besteht der Drang, durch möglichst hohe Mitgliederzahlen und Sympathisanten und letztlich Wähler einen höheren Macht-Rang als konkurrierende zu erreichen.[94] Die Ansicht, dass eine Ent-scheidung danach größere Akzeptierbarkeit genießt, bewahrheitet sich in der Realität jedoch nicht, weil der Instanzenweg über die Abgeordneten zu lang ist. Klar ist, dass das Mehrheits-prinzip verhindert, dass z.B. trotz festgestellter Änderungsnotwendigkeit diese eine Mehrheit haben muss, um umgesetzt zu werden.[95] Die Minderheit ist machtlos.[96] Ein **Kompromiss** ist

[89]   http://pubman.mpdl.mpg.de/pubman/item/escidoc:2465116/component/escidoc:2473405/
       ZfP_27_2017_Els%C3%A4sser.pdf S. 161-180 nach Einkommen
       http://www.mpifg.de/forschung/forschung/pdf/wahl.pdf
       http://www.single-generation.de/wissenschaft/politikwissenschaften/armin_schaefer.htm
       http://www.zedf.uni-osnabrueck.de/media/endbericht-systematisch-verzerrte-entscheidungen.pdf
[90]   https://www.sueddeutsche.de/politik/wege-aus-der-unterschicht-mut-zum-bildungssoli-1.802275
[91]   https://de.wikipedia.org/wiki/Ausbreitung_des_Menschen
[92]   https://www.laenderdaten.de/bevoelkerung/bevoelkerungsdichte.aspx
[93]   http://www.polipedia.at/tiki-index.php?page=Mehrheitsprinzip   http://www.zjs-
       online.com/dat/artikel/2009_5_223.pdf Julian Krüper, Universität Düsseldorf 2009
[94]   http://www.ethik-werkstatt.de/aa_Parteiendemokratie.htm
[95]   https://www.nsw-rse.ch/webforum/2018/4/13/das-mehrheitsprinzip-ist-nicht-der-kern-der-demokratie
[96]   file:///C:/Users/Rabich/AppData/Local/Temp/die_abgruende_des_mehrheitsprinzips.pdf S. 12 Burkhard
       Wehner https://de.wikipedia.org/wiki/Burkhard_Wehner www.reformforum-neopolis.de/ 2007

das Ergebnis einer Machtbalance und nicht der Klugheit, wenn auch manchmal der Zweck-mäßigkeit, aber meistens nicht die optimale Lösung.[97] Da im Bundesrat die Länder je nach Einwohnerzahl unterschiedliches Stimmengewicht haben, hat ein Anliegen von einem volk-reichen Land mehr Einfluss.[98]

Das kann in der politischen Realität zu einem z.T. unerbittlichen **Wettbewerbskampf** führen, wie es sich in der Zeit nach dem Ersten Weltkrieg in Deutschland abspielte, gewissermaßen als Lehrstück für die Zeit nach dem Zweiten Weltkrieg, wie der Parlamentarische Rat zur Schaffung für Westdeutschland meinte. Die darin versammelten Parteien und die Ministerprä-sidenten wollten auf keinen Fall einen vollwertigen **National-Staat** entstehen lassen, man wehrte sich entschieden gegen einen Volksentscheid. Angeblich war die Teilung Deutsch-lands infolge der Besetzung durch die Siegermächte der Hinderungsgrund.[99] Die Ministerprä-sidenten plädierten für ein **Grundgesetz**, ein Provisorium, dass auch durch den Beitritt der Neuen Länder 1990 als solches erhalten blieb. *Die Bürger hatten sich das Grundgesetz als ihre Verfassung angeeignet, es wurde keinem Referendum unterzogen.* Historisch ist das Ausmerzen von Nationalität und eine Verteufelung von „rechts" eine Nachkriegsfolge.

Die Natur hat das Prinzip der Einzigartigkeit und Unwiederholbarkeit eines jeden Individu-ums zu einer Grundlage der Evolution von Lebewesen, von Wirbeltieren und der Menschen gemacht, d.h. die **Menschen** sind je nach dem Beeinflussungsgrad mehr oder wenig **ungleich** und sind demgemäß weder im Einzelfall eine homogene Menschengruppe noch in einer Viel-zahl von Menschengruppen, einem Volk gleicher Meinung. In vielen **Wirtschaft**szweigen herrscht die Auffassung, man suche sich **gute** Mitarbeiter, wenn möglich die **besten**, wobei das Auswahlverfahren den Einsatz bestimmt. Das Mehrheitsprinzip scheint dafür desolat. Nicht fern ist die Betrachtung nach einer „Sortierung", z.B. als Arbeitnehmer nach Zuver-lässigkeit usw.

Das sollte auch bei einer **Partei** so sein, denn sie wird von einer Menschengruppe z.B. der Deutschen Bundesrepublik gemäß Artikel 21 GG frei gegründet, weshalb man fordert, ihre innere Ordnung habe demokratischen Grundsätzen zu entsprechen, mithin alle Parteimitglie-der im Entscheidungsprozess beteiligt werden müssen, womit gesagt wird, dass letztendlich wegen der Meinungsinhomogenität doch die **Mehrheit das Sagen** hat. Das bedingt aber, dass **die Entscheidung für alle Bürger richtig, d.h. real qualitativ bestmöglich** sein muss. Weil in einer Massendemokratie also die Bürger den politischen Entscheidungsprozess nicht allein bestimmen können und dürfen, wird unterstellt, dass die Mitarbeit der Parteien nicht nur not-wendig ist, sondern tatsächlich auch in der **Qualität** von den Parteien hochwertig geleistet wird.[100] Man nähert sich einer qualitativ höheren Verstehbarkeit durch Partizipation, die *ihren Wert nicht aus einer raschen Meinungsbildung bezieht, sondern aus dem „intensiven und nicht immer schmerzfreien Aufeinanderprallen unterschiedlicher Interessen, Positionen, Er-wartungen und Argumenten.*[101] Obwohl der Wahlrechtsvorschlag den Parteien zusteht[102],

97 https://philosophie-indebate.de/1094/indebate-kollektive-intelligenz-in-der-politik-kein-grund-ins-schwarmen-zu-geraten/ Hammer 2013, Diskussionsbeiträge
98 http://www.jochenolbrich.homepage.t-online.de/DemokratieIdealformTheoretischeGrundvoraussetzungenDerDemokratie.htm
99 http://www.bpb.de/geschichte/deutsche-geschichte/grundgesetz-und-parlamentarischer-rat/39014/warum-keine-verfassung Hans Vorländer T'U Dresden 2008
100 http://www.bpb.de/politik/grundfragen/deutsche-demokratie/39317/parteien?p=all Host Pötzsch 2009
101 https://www.neulandquartier.de/blog/blickwinkel/partizipation-keine-frage-der-quantitaet-sondern-der-qualitaet/
102 BVerf. 23.07.2013 2 BvC3/13

wird bezweifelt, ob Parteifunktionäre immer Qualitätsführer sein können,. Eine unabhängige Bewertung ist nicht bekannt.[103]

Im bisherigen Verständnis wurde der Erfolg eines Unternehmens wesentlich der **Führungskraft** zugeschrieben, die das zu beurteilende Geschehen, dass sie die Zusammenhänge für das Problem überblickte und weiß, wo es hingeht oder hingehen soll, und die anderen, die Geführten, diesen Weg mitgehen, weil sie **Vertrauen** haben und davon überzeugt sind, dass es jemanden gibt, der sich besser auskennt als sie selbst. Die zunehmend komplexer werdenden Probleme machen es jedoch unwahrscheinlich, dass ein Mensch alle relevanten Sachverhältnisse erkennt und ihren jeweiligen Einfluss genügend abschätzen kann; selbst der fachlich hervorragende Manager entscheidet dann nicht selten intuitiv. Damit schrumpft das Erfordernis, für die Führung den **relativ besten Mann** dafür auszuersehen. Sollte dies in der Branche der Politik anders sein? Gibt es eine Best-Lösung etwa aus den vielen Vorstellungen und Bildern der am kollaborativen Gruppenprozess Beteiligten oder etwa aus Koalitionskommissionen?[104] Die Erfahrung lehrt, eine **Kompromisslösung ist kein Optimum** und eine Geradenoch-Lösung ist langfristig von Übel.

3.3   Die Meinung eines Individuums und ihr Verhältnis zu der einer Gruppe

Wenn Individuen sich zu einer definierten Gruppe organisieren, stellen sie nicht eine beliebige Menschenmenge verschiedenartiger, z.T. untereinander unbekannter Individuen dar, die bei einer momentanen plötzlichen Zusammenrottung insgesamt eine nicht ohne weiteres bestimmbare Meinung hat, während die **öffentliche Meinung** als herrschende Auffassung z.B. über moralische Werte und Tugenden angesehen wird, in der besonders die veröffentlichenden kommunikativen Organe einen erheblichen Beeinflussungsfaktor darstellen.[105] Da oft Gefühle und Glaubensbestandteile mit enthalten sind, dürfen diese nicht unbeachtet bleiben, weshalb die öffentliche Meinung keineswegs auf einem gedanklichen Prozess mit einer Urteilsfindung beruht.[106] Nicht unwesentlich ist auch, dass die Erzeugnisse der Massenmedien oft als öffentliche Meinung wahrgenommen oder gedeutet werden.[107] In den kommunikativen Netzwerken tummeln sich Individuen unterschiedlichster Art, die dort geäußerten Meinungen sind weder in der Verantwortung noch in der Bedeutung abschätzbar.

Jedes kindliche Individuum macht bereits **Erfahrungen** beim Kontakt mit seinem sozialen Umfeld und entwickelt ein Unterscheidungsvermögen von Vor- und Nachteilen für sich, von dem, zu dem man Vertrauen haben kann, wo man misstrauisch sein sollte. Ausgenommen vom freien Denken sind die Gebiete, in denen die „Wahrheit" durch suggerierte Glaubenssätze und rituales Tun langdauernd ersetzt sind.[108] So kann z.B. Beten eine Beziehung herstellen zu einem oder einen etwas anderem; man ist dann nicht auf sich selbst angewiesen, man weicht aus.[109] Wenn Sachverhalte als einfach einleuchtende sich darstellen oder dargestellt

---

[103]   https://www.heise.de/tp/features/Parlamentarier-sind-Vertreter-der-Parteifunktionaere-3363115.html?seite=all Wolfgang J. Koschnick, 2013

[104]   https://tinyurl.com/y96xdn8g S. 14 2015-03 Zukunftsfähige Führung   Bertelsmann-Stiftung

[105]   http://www.bpb.de/nachschlagen/lexika/handwoerterbuch-politisches-system/202080/oeffentliche-meinung?p=all der Begriff ist nicht genormt https://de.wikipedia.org/wiki/%C3%96ffentliche_Meinung http://www.meinungsklima.de/index.php?title=%C3%96ffentliche_Meinung:_Massenmedien

[106]   Ferdinand Tönnies, Kritik der öffentlichen Meinung. Springer. 2013, S. 12ff.

[107]   https://www.tabularasamagazin.de/die-manipulation-der-oeffentlichen-meinung/ Rainer Westphal, 2011 https://www.grin.com/document/9231 N. Remmel, 2002

[108]   Beispiel   https://uni.de/redaktion/christlicher-fundamentalismus

[109]   https://www.theeuropean.de/uffe-schjodt/3468-das-gebet-aus-sicht-der-neurologie

werden und häufig wiederholt werden, dann werden sie oft als normal und "richtig" angesehen, als Teil des Unterbewusstseins inkorporiert[110], so können z.B. Rituale zur Gewohnheit, sogar zu einem Zwang werden, wo für das freie kritische Denken kein Raum mehr ist.[111]

Schließlich ahmt man das Tun von Vorbildern nach, übernimmt Regeln des Verhaltens gegenüber anderen und baut sein eigenes **Moralbild** auf, was so etwas wie die Grundlage seines persönlichen Gewissens ist, wobei wesentlich das Einwirken der Erzieher von Bedeutung ist. Zudem ist das Denken zumeist linear: einer einzelnen Ursache ist eine definierte Wirkung bzw. umgekehrt zuzuordnen, aber das reale **vernetzte Denken** arbeitet mit Mehrfunktionalität, Nebenwirkungen usw., da die meist realen komplexen Systeme mehrdimensionales Denken verlangen; schablonenhaftes, linear vereinfachtes genügt dem nicht.[112] Das bedeutet Umschalten auf ein **Vorstellen von möglichen** und realen Verknüpfungen.[113] Gerade das unabhängige, alternative und kombinatorische Denken auf Basis von umfangreichem Wissen zeichnet den oft gesuchten **kreativen Menschen** aus, der nicht zufrieden ist mit der flachen geistigen Kost, die ihm in der Praxis häufig genug begegnet.

Schon im Jugendalter beginnt das Individuum zu begreifen, dass die Ansichten der Familie oder des engeren Kreises nicht die ganze Wahrheit sein können, weil es andere Meinungen gibt, die eine **Kritik** am bisherigen Standpunkt herausfordern und nur akzeptierbar zu sein scheinen; der Jugendliche findet so zu einer eigenen, noch zu vervollkommnenden Meinung, die natürlich abhängig ist von seinem Wissensstand und seiner kognitiven Fähigkeiten.[114] *Das, was den Fehlentscheidungen von Behörden, Planern, Politikern und Wirtschaftlern zugrunde-liegt, ist also weder mangelnde Intelligenz des einzelnen noch Bösartigkeit, sondern wahrscheinlich hauptsächlich jenes durch die Art unserer Ausbildung vermittelte einseitige Verständnis der Wirklichkeit, das Fehlen von Grundkenntnissen der **Systemgesetzmäßigkeiten**, die die Befähigung geben würden, das Verhalten eines Systems und damit seine Üerlebensfähigkeit zu beurteilen.*

Natürlich hat nicht jedes Individuum die gleiche Fähigkeit, Kenntnisse und Wissen zu erwerben, sie sinnvoll anzuwenden und die Erfahrung daraus zu speichern.[115] Nicht jeder ist in der Lage, **Denkoperationen** auszuführen und sich nicht unmittelbar Wahrnehmbaren zuzuwenden, sich von der bloßen Anschauung zu lösen, sich mit Begriffen auseinander zu setzen wie Freiheit, Gott, Tod, Krieg usw., die womöglich ihn selbst betreffen, wie z.B. durch die Politik entstandenen Gesetze. Die durch Medien an ihn herangetragenen Auffassungen beginnen ihre Wirkung am Individuum zu entfalten und es ist womöglich nicht in der Lage, ihre Richtigkeit und ihre funktionellen Abhängigkeiten zu beurteilen;[116], weil er nicht genügend Abstand zum Problem hat, nicht neutral genug ist, die Reichweite seines Standpunktes nicht abschätzen kann, wodurch die später als **Vorurteile** unheilvollen Hemmnisse im freien objektiven Denken entstehen.[117] Gerade hier im abstrakten Denken und Vergleichen gibt es erhebliche **individuelle** Intelligenz-Unterschiede und Verteidigungsbereitschaften einer **eigenen Meinung**, weil dabei auch die Kunst der Argumentation vonnöten ist.[118] Zuweilen kann man sich des Eindruckes nicht erwehren, dass Eliten, die in Wirtschaft bzw. Politik das Sagen haben, sich

110 https://gesellschaftundkirche.com/politik-psychologie/ https://tinyurl.com/yaz3wcq6 Abschnitt 5.
111 https://www.beratung-therapie.de/77-0-Zwang.html http://www.mwv-berlin.de/buecher-bestellen-2016/images/product_images/leseproben_images/9783939069423_Leseprobe.pdf Rituale
112 https://volkermuehl.de/ueber-lineares-denken-mehrdimensionales-denken-und-achtsamkeit/
113 https://www.univie.ac.at/geographie/fachdidaktik/Handbuch_MGW_16_2001/Seite508-517.pdf kop. S.515
114 https://www.medien.ifi.lmu.de/lehre/ws0506/mmi1/kognitive-faehigkeiten.xhtml Elian Schweizer LMU
115 https://tredition.de/autoren/adalbert-rabich.../das-individuum-paperback-102118/ Abschnitt 1.2
116 https://tredition.de/autoren/adalbert-rabich-23467/das-individuum-paperback-102118/ Abschnitt 1.2
117 https://verfassungsblog.de/standpunktlosigkeit-ist-keine-option/ Dana Schmalz 2018
118 https://www.familienhandbuch.de/babys-kinder/entwicklung/jugendliche/pubertaet/PersoenlichkeitsentwicklunginderPubertaet.php

mit dem praktischen Leben des kleinen Mannes usw. faktisch nicht auseinandersetzen, sie wirken sogar abgehoben von den Niederungen gemeinen Lebens, sie urteilen gewissermaßen vom Schreibtisch aus.[119]

Je weniger man eine fremde Meinung kritisch analysieren und verstehen kann, desto eher ist man geneigt, aus dem Gefühl heraus diese sich zu seiner eigenen zu machen, sie in sein eigenes Weltbild einzuverleiben. In der Mehrzahl wird bereits von einer **Meinung** einer **Gruppe** gesprochen, wenn nur einzelne Aspekte einer Thematik in dieser einheitlich zu sein scheinen. *Meinungen und Einstellungen entstehen und wirken nicht isoliert, sondern in ständiger Wechselbeziehung zwischen dem Einzelnen und der unmittelbar und mittelbar einwirkenden Gesellschaft.*[120] Wenn ein Problem tangiert ist, was komplexes Denken erfordert, ist das Erforschen einer tatsächlichen **Gruppenmeinung** besonders zeitaufwändig und schwierig, weil die Abstände der **Individualmeinungen** und der Basis davon zueinander groß sein können. Deshalb ist das Gegenüberstellen von Meinungen in Gespräch wenig fruchtbar, man lernt zwar das Zuhören, aber nicht das kritische Beurteilen und das Werten von Begründungen.[121]

Besonders empfindlich reagieren Menschen auf Darstellungen von Bedrohungen ihrer Existenz und es entstehen daraus nicht selten quasi-**religiöse Bewegungen**, wie wir das bei den Motivationen für die Nachhaltigkeit oder den Klimaschutz kennen. Die erste beruht auf dem steigenden Verbrauch von Gütern z.B. der Erdrinde und der steigenden Weltbevölkerung, die zweite stützt sich auf Modell-Vorstellungen, wie sich das Klima weltweit entwickeln könnte in Verbindung mit der Behauptung, das Verbrennungsprodukt Kohlendioxid wäre an einer schädlichen Erwärmung schuld.. Hier sind die Meteorologen die Meinungsmacher und sie nutzen dazu Wissenschaftler, die von den Regierunen in einem Spezialausschuß (IPCC) delegiert wurden.[122] Das Prinzip der Wissenschaft, kritisch und insbesondere selbstkritisch zu sein und ergebnisoffen zu diskutieren, wird hier im Blick gefährlich eingeengt auf den Energieträger Kohlenstoff und mit seinem Produkt CO2 als verantwortlich für die Erderwärmung propagiert. *Wenn Forschung, Politik, usw. nicht mehr kontrovers über ihre Themen diskutieren können, ist die Verarmung des menschlichen Geistes nicht mehr weit. Wenn das eigene Wissen zur Überprüfung der These versagt, handelt es sich um ein ideologisches Dogma.*[123]

Im Allgemeinen stellen **Meinungsforschungsinstitute** deshalb nur einfach formulierte Fraugen, auf die der Befragte auch ohne großes Zögern und Nachdenken Antworten geben kann und – wie man unterstellt - auch gibt. Dabei bemüht sich der Forscher, seine menschliche **Stichprobe** aussagefähig zu machen, d.h. sie sollte repräsentativ ausgewählt sein. Es bleiben aber subjektive Verzerrungen und Mängel, im politischen Raum z.B. emotions-, stimmungs- und bereitschaftsabhängige Angaben. Eine Maßgröße für die gesamte Ungewissheit gibt es jedoch nicht. Im Endergebnis der Auswertung sollte das zum Ausdruck kommen.

Befragungen geben Aufschluss über das Zustimmungsverhalten der Bürger zu Politikentscheidungen und bei Kenntnis der persönlichen Daten der Befragten kann bei der Auswertung der Antworten auf den Einfluss von bestimmten persönlichen Situationen wie der Höhe des Einkommens bzw. der Stellung im Berufsleben geschlossen werden. Im Ergebnis einer For-

---

[119] https://hpd.de/artikel/abgehobenheit-eliten-soziologischer-sicht-15899 A. Prahl-Traughber 2018
[120] https://www.ph-freiburg.de/fileadmin/dateien/fakultaet3/sozialwissenschaft/Quasus/Hausarbeiten/Hausarbeit_Gruppendiskussion.pdf Abschnitt 2.2 S.6 Die Thematik ist nicht zu einer Frage ja/nein, sondern zu einem Thema
[121] https://tinyurl.com/ycwf56nu Regeln für eine Debattenkultur https://www.nachdenkseiten.de/?p=46064
[122] https://bazonline.ch/wissen/natur/diese-forscher-haben-eine-politische-agenda/story/29438610
[123] https://www.klimafakten.de/meldung/einstellungen-zum-klimawandel-ideologie-hat-den-groessten-einfluss

schungsarbeit[124] scheint die Reflektion der Fragen der einkommensschwachen Bevölkerung im Parlament geringer zu sein und dies ist offenbar auch eine Folge der Zusammensetzung des Parlaments, d.h. nicht ausreichender Repräsentativität zum Volk, und des speziellen Kontaktes sowie mangelnder Intensität eines gepflegten **Meinungsaustausches.**

Für eine **Trendforschung**[125] kann man Primärrecherchen durchführen, Experten bzw. Kenner des zu untersuchenden Gebiets werden stellvertretend zur Meinungsmasse interviewt. Hierbei ist die sorgfältige Auswahl der Personen wichtig. So beobachtet man in einem Team nicht selten, dass sich (in Brainstormings) die Mehrzahl der Gruppenmitglieder hinter einem fähigen problemlösenden Individuum schart; der einzelne denkt eben nicht genügend eigenständig, vielleicht kennt er sogar seine Schwächen. Es gibt jedoch auch Teams, da wird der Querdenker, besonders bei denkintensiven und innovativen Themen - ausgestoßen; man hat in der Gruppe zu denken, hat sich anzugleichen.

In der Bevölkerung ist der Mut, eine eigene, von der Mehrheit abweichende exponierte (politische) Meinung zu vertreten, gering: man will nicht auffallen, weshalb man die Meinungsverhältnisse im Umfeld einschätzt, wobei die Massenmedien Trends vorgeben, oft mit einer bestimmten Beeinflussungs-Absicht, z.B. von Parteien.[126] Man kann kaum **Zivilcourage** erwarten, dass sich jemand für etwas einsetzt, wenn die Erfolgsaussichten für ein Ändern der Politik gering sind[127] oder wenn möglicherweise die Folgen für die eigene Person sogar negativ sind, vor allem als Abhängiger. Deshalb hatte sich über lange geschichtliche Zeit in der Gesellschaft die Paarung Herrscher-Untertanen gehalten, bis z.B. im 19. Jahrhundert das Schlagwort „**Diktatur** des Proletariats" aufkam, d.h. die unterdrückte Arbeiterklasse sollte sich zu einem führenden Element aufschwingen, deren Gruppen-Auffassung sollte maßgebend sein.

Heute kommt der Begriff **Meinungsdiktatur** auf, *Der Untertan soll schweigen und preisen, was ihm die Obrigkeit als Wirklichkeit präsentiert.*[128] Die **Medien** schwenken in diese Maxime ein, sie nivellieren die Aufnahmefähigkeit auf das **einfach** verständliche, **wiederholen** und variieren dies als Propaganda; eine **kritische Meinung** wird als der heutigen Gesellschaft feindlich markiert. Indem man die bestehenden Probleme einfach übersieht und verschweigt, verschwinden sie jedoch keineswegs. Man gewinnt bei einem Teil der öffentlich-rechtlichen Medien den Eindruck, dass - vermutlich mit Rücksicht auf die Obrigkeit - darüber nicht oder nur in bestimmter Art - diskutiert werden soll. Offenbar bemerken die Journalisten und Redakteure nicht einmal, dass sie ihre Arbeit selbst nicht kritisch auf die erforderliche Offenheit und Objektivität überprüfen.[129]

Aber auch bei Menschen bestimmter Gruppierungen und Parteien ist hier **Unduldsamkeit** festzustellen: der anders Denkende soll mundtot gemacht werden.[130] Dabei ist manchmal nur eine spezielle Gruppe im Visier aufklärender „Demokraten", die eine Dominanz ihrer Ansicht herstellen wollen, die insbesondere besagt, sie sei allein die richtige, ohne Gültigkeit dieses Anspruchs, wodurch die unabdingbare **Freiheit des individuellen Denkens** in ernste Gefahr

---

124 http://www.mpifg.de/pu/ueber_mpifg/mpifg_jb/JB1718/MPIfG_17-18_07_Elsaesser-Schaefer.pdf
   http://pubman.mpdl.mpg.de/pubman/item/escidoc:2465116/component/escidoc:2473405/ZfP_27_2017_Els%
   C3%A4sser.pdf   http://www.mpifg.de/forschung/forschung/pdf/wahl.pdf
125 http://www.lead-innovation.com/blog/trendforschung-wie-man-relevante-trends-identifiziert
126 https://de.wikipedia.org/wiki/Schweigespirale   https://www.marco-buelow.de/zivilcourage-in-der-politk/
127 https://www.psychologie.uzh.ch/dam/jcr:06af02b8-4d94-4719-a8a1-
   4330cde18768/mai17_dialog_ethik_zivilcourage.pdf   https://www.mpg.de/11873515/zivilcourage
128 https://www.huffingtonpost.de/2015/09/28/jorg-baberowski-deutschland-meinungsdiktatur_n_8206768.html
129 https://www.huffingtonpost.de/entry/dunja-hayali-wird-in-chemnitz-angepobelt-hinterher-zeigt-sie-sich-
   ratlos_de_5b8bdc29e4b0cf7b00370de4 warum ist die Empörung so groß?
130 https://ruhrkultour.de/meinungsdiktatur-mit-vollgas-in-eine-neue-weltordnung/
   https://www.huffingtonpost.de/2015/09/28/jorg-baberowski-deutschland-meinungsdiktatur_n_8206768.html

gerät. Von gleichermaßen wichtigem Hemmnis kann man sprechen, wenn die Finanzierung eines wissenschaftlichen Forschungsvorhabens auf dem Altar allein der Sparsamkeit wegen geopfert wird, wenn man nicht einsehen kann, warum anderswo Geld ausgegeben wird. Es gibt eine Reihe von **Tabu-Zonen** im Denken, man spricht nicht über das Judentum, über die Kriegsschuld der Wehrmacht, über die Konzentrationslager, ja über die Religion, Homosexualität, Klima[131] usw., hier herrscht die von der Gesellschaft zu akzeptierende Ansicht der Meinungsherrscher, die Meinungsfreiheit ist hier begrenzt.[132] Das nationale wird verdammt, aber nur soweit, wie es dem "internationalen" im Wege steht, aber man zögert, die Heimat als Kulturbegriff mit nationaler jahrhundertelanger Vergangenheit zu tilgen.[133]

3.4 Die Variabilität[134] der menschlichen Individuen, die Meinungsstreuung in einer Menschengruppe

Der Mensch neigt allgemein dazu, Sachzusammenhänge zu vereinfachen, manche undurchsichtigen Verhältnisse zu pauschalieren, so arbeitet er gern mit Durchschnitten und Mittelwerten, wenn man seiner Meinung nach anzunehmen ist, dass sie den betreffenden Sachverhalt hinreichend wiedergeben, aber gewiss ist er dessen nicht. Sind die Werte statistisch korrekt ermittelt?[135] Er kümmert sich gewöhnlich nicht um **Streuungen**, z.B. der Häufigkeitsverteilung über die Zeit der regionalen Umwelttemperatur, um die Einflussfaktoren usw., obwohl die Statistik hier Werkzeuge der Ermittlung anbietet. Beispielsweise würde eine **Meinungsumfrage** nach dem zukünftigen Wohlstand sehr unterschiedlich von den Individuen beantwortet werden, obwohl vielleicht Prognoseforscher etwas anderes sagen und dort bereits deren erhebliche Abweichungen voneinander registriert werden.[136] Ursache dafür sind Fehler oder bei Meinungen der Konflikt von individueller Erwartung und Erfahrungs-Wissen. Ist die Frage nur **einfach** gestellt, nämlich z.B. zunehmend/abnehmend, so fällt die Antwort eindeutig aus und man kann auszählen, ist sie von mehreren Faktoren abhängig, ist das schwieriger und bedarf statistischer Auswertung. Einer **Durchschnittsmeinung** kann man nur dann trauen, wenn es sich um Sachverhalte, Prozessvorhersagen usw. handelt, wo menschliche Schätzfehler allgemein beteiligt sind. Eine *Durchschnittermittlung oder die Kombination von Meinungen funktioniert im Allgemeinen nur dann, wenn sich alle Teilnehmer an einer Wette oder einer Umfrage unabhängig voneinander ihre Meinung bilden.*[137]

Über so manches in dieser Welt staunt auch der moderne zivilisierte Mensch noch, über das, was er Schöpfung nennt, was ihm oft als ein Wunder erscheint, denn es bedurfte für das Aufklären so manchen komplizierten Sachverhalts nach unserer heutigen wissenschaftlichen Ermittlung wohl einer langen Evolutionszeit, besonders im Hinblick auf die menschliche **Fähigkeit, Zusammenhänge und Kausalitäten** in der Natur zu **erkennen und zu deuten**.[138]

Offensichtlich war ein Entwicklungsziel, dafür ein zentrales neuronales Systemelement zu schaffen, in dem die Signale von außen verarbeitet werden und das sich in der Arbeitsweise ständig – vornehmlich im Vorderhirn der Wirbeltiere - den Anforderungen anpasste. In unse-

---

[131] https://www.topagrar.com/news/Home-top-News-Film-Der-Bauer-und-sein-Klima-spaltet-den-Berufsstand-8420394.html Der Wettbewerb zwischen alternativer Energie und der Ernährung des Menschen
[132] http://www.bpb.de/apuz/75862/tabu-tabuvorwurf-und-tabubruch-im-politischen-diskurs?p=all
[133] https://www.ndr.de/kultur/kulturdebatte/Heimat-Bedeutung-und-Wandel-des-Begriffs,heimat748.html
[134] https://www.spektrum.de/lexikon/biologie/variabilitaet/69019
[135] https://de.wikibooks.org/wiki/Statistik:_Sch%C3%A4tzen_und_Testen
[136] https://www.econstor.eu/bitstream/10419/99433/1/vjh.75.2.34.pdf Konjunkturprognosen, 2006
[137] https://www.brandeins.de/magazine/brand-eins-wirtschaftsmagazin/2005/die-mitte/schlaue-menge
[138] https://www.geo.de/natur/tierwelt/7222-rtkl-das-gehirn-evolution-des-gehirns Alexandra Rigos,

rer Vorstellung erfolgte der <u>Ausbau unseres Gehirns nicht überall gleich</u> und es hat wohl neben den **individuellen Unterschieden** auch Fehlentwicklungen gegeben.

Nach unserem Verständnis spielt in der Evolution in Richtung auf den *homo sapiens* der Zufall eine gewisse Rolle[139] und hatte damit Einfluss auf das Ergebnis **Individuum**, was eine Erklärung für einen gewissen **Anteil genetischer Verschiedenheit** ermöglicht, wobei die Aus-Entwicklung der geistigen (ererbten) Potenziale des Individuums nicht mit dem Eintritt der Geburt endet, weshalb eine stete Investition in die Erziehung getätigt werden muss. Hier muss klar festgehalten werden, dass die Individuen also nicht nur von der Evolution her, sondern auch durch die Ereignisse nach der Geburt unterschiedlich angelegt und erarbeitet sind. Also ist grundsätzlich eine **Bildung** gefordert, die beim Individuum in der Anlage vorhandenen Potenziale individuell zu fördern und bestmöglich nutzbar zu machen.[140]

Die biologische Entwicklung des Menschen läuft über viele Generationen, die uns insbesondere lehrt, soweit wir dies aus dem erlangten Wissensstand von heute ableiten können, dass wir uns selbst als „moderne" Menschen noch in einer endlichen Entwicklungsstufe befinden und die menschlichen Individuen eine Vielfalt und Streuung in der **kognitiven Leistungsfähigkeit**, im Können und Verhalten aufweisen, selbst dann, wenn sie einen (gleichen) Erziehungs- und kultureller Reifungsprozess gemeinsam durchlaufen haben.[141] Unbestreitbar ist, dass gerade die **Heterogenität der Menschen** dem einen als Verteilungsungerechtigkeit und soziale Ungleichheit erscheint, dem anderen aber uns Möglichkeiten der Auswahl und **Optimierung** zu bieten scheint, auch wenn individuelle Grenzen und die jeweils als abgeschlossen geltende Population dies einschränken und immer wieder die Gleichheit oder Vergleichbarkeit betont und zu politischen Zielweisen herangezogen wird[142], wobei die Schlagworte **Chancengleichheit**[143] und multikulturelle Vorteilhaftigkeit auch missverstanden werden können.[144] *Solange es noch Verstand und Dummheit, Güte und Bosheit, Stärke und Schwäche in der Welt gibt, solange werden die Menschen sich nicht gleich sein.*[145]

Zwar sind die verschiedenen Strategien zur Hebung der mentalen Fähigkeiten in der Zielsetzung ähnlich, aber erfahrungsgemäß wegen der Variabilität der Menschen nicht nur ungleich wirksam, sondern auch hinsichtlich des notwendigen Aufwandes ungewiss, weil wir eben nicht wissen, auf welchem Wege und wie wir **am besten vorankommen** können, ob wir dazu bereits genügend Information besitzen, um vernünftig entscheiden zu können.[146] Über den Einfluss der genetischen Vererbung im Wettbewerb mit der Erziehung neigt die Wissenschaft heute zu der Ansicht, dass in der Regel z.B. die **Intelligenz**, d.h. die Fähigkeit, *Informationen logisch zu verarbeiten, Zusammenhänge zu erkennen, sie auf neue Situationen übertragen zu können, dadurch Problemlösungsstrategien zu entwickeln*[147] von den Eltern

---

[139]   https://tinyurl.com/y9b8r5gv Martin Rhonheimer: homo sapiens, Krone der Schöpfung, Springer, 2016, S.30ff.   http://www.genesisnet.info/index.php?Artikel=40423&Sprache=de&l=1

[140]   http://www.bpb.de/gesellschaft/bildung/zukunft-bildung/162108/individuelle-foerderung-hintergrund-und-fallstricke?p=all   Individuelle Förderung ist kein Argument gegen Chancengleichheit

[141]   Chancengleichheit bei Start (Begabung), zunächst unabhängig vom sozialen Umfeld https://www.bildung-und-begabung.de/begabungslotse/startseite-herzlich-willkommen/chancengleichheit-durch-individuelle-foerderung d.h. Potenzialorientierte Förderung, Bildungseffizienz steigern https://www.bmbf.de/de/begabtenfoerderung-in-studium-und-beruf-73.html

[142]   https://www.welt.de/welt_print/article1286615/Gleichheit-ist-unmenschlich.html D. Schulze-Heuling 2007

[143]   https://www.boeckler.de/36707_36767.htm Die geistige (genetische) Kapazität bei allen voll ausnutzen!

[144]   https://www.menschenrechte.jugendnetz.de/menschenrechte/glossar/gleichheit/ http://www.grundrechtefibel.de/fibel_gleichheit.html

[145]   https://de.wikipedia.org/wiki/August_von_Kotzebue 1761 – 1819 (ermordet durch Burschenschaftler) https://www.preussenchronik.de/ereignis_jsp/key=chronologie_005380.html

[146]   Psyche im Fokus, Magazin des DGVP, Berlin, 3/2013, S. 11 bis 13, insbesondere S. 12

[147]   https://www.welt.de/print/die_welt/wissen/article133682442/Es-sind-die-Gene-nicht-Erziehung.html 2014

auf die Kinder vererbt wird, oft zugleich in Verbindung mit deren Lebensstil wirkend. *Das Zusammenspiel von Genen und Umwelt bestimmt das Ausmaß und die Richtung, in die das Wachstum der Nervenzellen und der Synapsen gesteuert werden kann.*[148] Für bestimmte Berufe reicht diese genetische Grundlage jedoch nicht, es kommt auf die Ausprägung von förderlichen Verhaltensweisen und die intuitive „Genialität", den Grad des Zustandes im höher funktionalen Analphabetismus, des **Kognitionsgrad**es an, d.h. manche können zwar lesen/ hören, aber sie verwechseln die Begriffe, verstehen den Sinngehalt des Textes nicht oder interpretieren das Gesagte, Geschriebene anders als der Autor dies dargestellt hat. *Wir erleben heute z.B. immer wieder, dass, wenn mehr als 3 Parameter miteinander wechselwirken, wir ohne mediale Hilfen kaum noch in der Lage sind, die Wechselwirkungen zu verstehen. Die Abhängigkeiten zwischen Preis und Nachfrage zu erkennen, das geht noch. Aber wenn Werbung, Nachfrage, Preis, Gewinn, Geldstabilität, Steuern, Renten, Bevölkerungswachstum, Informationskosten, Sozialkosten, Umweltkosten und Arbeitsplätze – um nur einige wechsel-wirkende Parameter zu nennen – miteinander vernetzt auf die Zielgrößen eines humanverträglichen, ökologie- und generationsverträglichen Lebens erkannt werden sollen, dann streikt unser Gehirn..*[149]*

Das Individuum ist also unterschiedlich in seinen Fähigkeiten, seinen Kompetenzen usw. ausgestattet, demgemäß nimmt er die bestehenden Situationen und Sachverhalte auch unterschiedlich wahr und stellt sie seinen persönlichen Bedürfnissen gegenüber. Das Volk ist somit mehrfach heterogen, bei Beachten der Verteilung der Individuen in der Gesellschaft kann der Anteil einer brennenden Frage sozialer Benachteiligung oder Vernachlässigung für die Politiker nicht mehr den gleichen Änderungsrang wie andere ausgewählte Themen haben. Das spürt der einzelne Betroffene sehr genau, denn er muss in diesem (seinen) Zustand leben.

Im gedanklichen Experiment zum Erforschen der **Volksmeinung**[150] gibt es einen **Durchschnittsbürger**, der gewissermaßen die Meinung des Volkes bzw. der einer Gruppe von Bürgern vertritt, wobei man eine definierte **Mehrheit** zugrunde legt. Die Demoskopen benutzen hierzu das Instrument der Befragung antwortwilliger, wobei diese selbst z.B. im Fragetext nicht frei von Beeinflussung zu dem Befragungs-Zeitpunkt und momentaner Stimmung sein kann, also nicht das **Prädikat neutral und objektiv** enthält. Deshalb kommt der Interpretation des Ergebnisses zusätzlich Bedeutung für den Nutzer zu, insbesondere für Probleme, die in der Zukunft liegen. Die Ansicht, man könne durch die Befragung den Bürger das Gefühl aktiver Teilnahme am gesellschaftlichen und sozialen Geschehen vermitteln, stößt bei kritischen Wissenschaftlern auf Zweifel, denn letztendlich ist auch der Mut zur Aktivität selbst ungleich in der Gesellschaft verteilt, oft sind es nur wenige, die hier Erfolge verzeichnen können. Und manches von politischen Änderungsankündigungen, was zunächst frohlockend begrüßt wurde, wich in der Realität einer Enttäuschung, was drastisch den Unterschied zwischen politischer Darstellung und späterer realer Verwirklichung demonstriert, gleichzeitig die Macht der Gefühlswelt und der Erfahrungen im bisherigen politischen System bei der Meinungsbildung wiedergebend.[151] Die Angst vor zukünftigen Katastrophen wird sogar als Geschäftsidee genutzt.[152]

---

[148] https://www.dasgehirn.info/aktuell/frage-an-das-gehirn/ist-verhalten-angeboren-oder-erlernt 2011
[149] http://www.blikk.it/angebote/modellmathe/ma0614.htm zitiert von Professor Werner Dörner, Psychologie https://www.uni-bamberg.de/trac/senior-researchers/doerner/
[150] http://www.msz1974-80.net/Meinungsforschung.html 1978
[151] https://zeithistorische-forschungen.de/1-2015/id%3D5182https://zeithistorische-forschungen.de/1-2015/id%3D5182 Jens Gieseke, 2015
[152] https://www.welt.de/wirtschaft/article122034211/Propheten-der-Katastrophe-machen-gute-Geschaefte.html

Fast jeder Mensch hat zu den Dingen und Sachverhalten eine **persönliche Meinung** und die kann durchaus von der Meinung eines sogenannten Durchschnittsbürgers abweichen, wofür die unterschiedlichsten Ursachen beitragen. Zunächst erhält man als Kind das Fundament dafür von den Eltern, von daheim gelegt, was wiederum durch Tradition, Glaubensdogma etc. entstanden ist, aber auch durch Fremdeinflüsse ständig korrigiert wird, falls diese akzeptiert und übernommen werden. Während der Bildungsphase wird das persönliche Wissen aufgebaut, von dem aus der persönlichen Meinung gespeist wird, aber die ist nicht immer fester Bestandteil der Person und wird ständig durch selbst verarbeitete Eindrücke und Erfahrungen gestaltet. Die entstandene **Kritikfähigkeit**, die sowohl an Sachverhaltsdarstellungen erlernt und die eines anderen an sich selbst einvernommen wird, ist eine wesentliche Grundlage einer Welt des Meinungsaustausches und von Demokratie. Bei dieser Fähigkeit scheiden sich die Menschen nicht unerheblich, weil sie vielfach nicht gelehrt und auch nicht geübt wird und ein **Freimachen von Subjektivität** erfordert.[153] Kann der einzelne sich auch loslösen vom Einfluss der Meinungsmacher[154]? Die Tatsache, dass diese zuhauf gedeihen können, offenbart die Unzulänglichkeit vieler Menschen. In den sozialen Netzwerken, den Kommentaren und Foren wird das deutlich demonstriert und zum Leidwesen so manchen Zeitgenossen auch noch vervielfältigt und weitergeleitet, wenn es stimmungsmäßig passt.

Die **politische Meinung** wird über das Bewerten des gesellschaftlichen Systems und insbesondere der darin arbeitenden Politiker gebildet, wobei ein Werturteil zu fällen ist.[155] Es ist durchaus möglich, dass das einmal gebildete Urteil sich bei der Person festsetzt und ein Identitätsmerkmal wird.[156] Eine **Änderung der politischen Auffassung** ist dann im allgemeinen nicht mehr möglich; bei einer Gruppen- oder Parteizugehörigkeit schert man so ohne weiteres nicht aus.[157] Da aber **Parteien** im Demokratie-Verfahren[158] **wesentliche** Elemente sind, ist die Fähigkeit der Lösung von neuen Problemen an ihre flexible und sachgerechte Anpassung ge-bunden, die meist nicht gegeben ist, denn ihre einmal erlangte Sonderstellung im parlamen-tarischen System gebietet das Halten der Stellung, also Beständigkeit der einmal vorgenom-menen Programmierung. Weil sie mit ihren Parteimitgliedern aber nur wenige Prozent der Wähler repräsentieren, gerät ihre Volksnähe in die Kritik. *Es stellt sich die Frage, wie so Wenige mehrheitlich akzeptable Konzepte für die Gesamtstaatsführung erarbeiten und ver-wirklichen können.*[159] Dem Druck, dass die Bevölkerung eine Erwartung hat an die Richtig-keit der Parteilinie zum jeweiligen situativen Problem, kann sie nicht ausweichen und damit muss sie sich ständig erneuern.[160]

Die Ursachen einer **geringen Wahlbeteiligung** sind vielfältig[161], so mögen Enttäuschung oder Entfremdung Motive sein oder – in unbekannter Größenordnung - ein bewusste Ablehnen einzelner Teile oder die Gesamtheit des politischen Systems, vornehmlich der realen Verfassungspraxis, der wirklichen Machtausübung und der agierenden politischen Elite. Unzweifelhaft gibt es **Schwächen** im gegenwärtigen System in der Weise, dass der Wähler beim Abstimmen nicht einschätzen kann, ob der gewählte Abgeordnete den rechten Einfluss auf die Kompetenz für langfristig sich auswirkende Entscheidungen haben wird oder nur

[153] https://www.absolventa.de/karriereguide/persoenlichkeit/kritikfaehigkeit
[154] https://dushanwegner.com/meinungen/
[155] https://www.jetzt.de/politik/wie-finde-ich-eine-politische-meinung
[156] https://de.wikipedia.org/wiki/Identit%C3%A4t#Politische_und_soziologische_Identit%C3%A4tsbegriffe
      http://www.forschungsnetzwerk.at/downloadpub/diss_mueller_2009_Identitaet_soziologische_Analysen.pdf
[157] http://www.medpsych.uni-freiburg.de/OL/glossar/body_identitat.html
[158] Legitimiert durch Gesetze (Grundg., Parteieng.) http s://tinyurl.com/yalj7rat S Kneip – W. Merkel, 2017
[159] http://www.bpb.de/politik/wahlen/bundestagswahlen/62501/zur-wahl-gestellt-die-parteien Korte, 2009
[160] https://www.zukunftsinstitut.de/artikel/neo-politik-die-neuerfindung-der-demokratie/ D. Dettling, 2017
[161] https://tinyurl.com/y8hepab6 Thomas Kleinhenz, Die Nichtwähler, 2013

abhängig mitreagiert.[162] Über die politischen Erfolge der Arbeit von Parlament und Regierung haben wir nur sehr bedingt sorgfältige Abrechnungen, obwohl es Anlässe genug gibt, über die erzielte Effizienz nachzudenken.[163]

4.   Das Regieren einer menschlichen Gesellschaft

Schon in der Welt der Herden von Wirbeltieren gab es Auseinandersetzungen; das stärkere Tier war überlegen, hatte einen höheren Rang. Als Leittier profilierte sich dasjenige, dass die besonderen Gefahren wittern konnte und z.B. das Signal zur Flucht gab. Ähnlich scheint es bei den frühen Horden von Menschen gewesen zu sein; man vertraute diesem wegen seiner besonderen Fähigkeiten sein Leben an, was auch für die Kämpfe mit den Handwaffen gelten konnte. Das war ein freiwilliges Unterordnen. Das Wort Regieren deutet in seinem Ursprung (indogermanischer Wurzeln) das Steuern, Richten der Nachgeordneten, also die Eigenschaft eines **Herrschens** über andere. Bereits in der Steinzeit verband sich die Mythologie und Religion mit den Herrschern, irgendwie waren diese mit einem Charisma ausgestattet, was sie mit dem Höheren verband. In den Jahrtausenden vor der Zeitrechnung entwickelten sich die sesshaften Völker zu einem Verband, dem ein Herrscher vorstand und die Großreiche in Ägypten, Italien und Griechenland. Aus den aristokratischen Rivalitäten entstand z.B. in Griechenland der **Tyrann**[164], aber nicht überall, so setzten sich politische Ordnungen in Stadt-Staaten durch: da hatte der Adel Vorrechte, das untere Volk war in die Herrschaft nicht eingereiht. Die Philosophen damaliger Zeit sahen das anders. So entstand eine „Demokratie" nach Vermögensklassen, die untere hatte praktisch kein Mitspracherecht.[165] Einige Tausend Vollbürger stimmten in der Versammlung ab, missliebige konnten verbannt werden. Die ausgeübte damalige Praxis in Verwaltung und Vollzug ist unbekannt,

Mit dem Untergang der Großreiche verschwand die Herrschaft des Volkes und kehrte z.B. in Deutschland erst mit der Befreiungsbewegung im 19. Jahrhundert wieder, dem zwischenzeitlichen **Despotismus** sollte es an den Kragen gehen. „Demokratische" Elemente sind bereits in der Revolution von 1848 zu erkennen, aber viele verstanden die Gesamtheit der politischen Bestrebungen und die Mühsal ihrer Umsetzung nicht, jeder wollte beteiligt sein am Staat und mitregieren, was dem Gedanken der Macht Zulauf verschaffte, man musste die **Mehrheit** erringen und haben. Parteien und Repräsentanten mit Zeitbegrenzung sollte die Lösung sein. Der Gedanke eine Kontrolle als Bremse von zu viel Machtkonzentration auszuüben, gebar die Institution Parlament. Damit musste die **Regierung** als höchste Institution des Staates, die mit dem Regierungschef und seinen Ministern die Politik leitet und beaufsichtigt, leben und sich damit auch Kritik an ihrer Arbeit, der Arbeitsdurchführung und Zielgerichtetheit gefallen lassen. Ihre Werke schlagen sich in Normen, Regeln, Gesetzen usw. wieder und weisen in ihrer Gesamtheit zahlreiche Angriffspunkte auf, denn die Gesellschaft muss schließlich sozial gerecht zufrieden sein. Die Bürger sind da auf vielfältige Weise angesprochen, sie zahlen ja Steuern und wollen keine unnötigen Ausgaben haben, wollen voll und wahr aufgeklärt sein und nicht unbeachtet sein, besonders, wenn alles nach **Reformen**, nach Korrekturen schreit.

---

[162] https://www.brandeins.de/magazine/brand-eins-wirtschaftsmagazin/2015/ziele/das-demokratische-dilemma
[163] https://www.deutschland-kurier.org/abrechnung-mit-einer-gescheiterten/ Nicolaus Fest, 19.06.2018
        https://www.theeuropean.de/rainer-zitelmann/12338-schilys-knallharte-abrechnung-mit-merkel 2017
        https://www.blaetter.de/archiv/jahrgaenge/2010/november/die-hartz-iv-abrechnung Rudolf Martens 2010
[164] https://tinyurl.com/yab58qs3 Christine Sarakinis, Das antike Griechenland, 2012, S. 8
[165] https://tinyurl.com/y8wn9jyv Julia Wehner, 2011, GRIN

Die Welt ist im steten Wandel begriffen, sei es durch Bemächtigung von Staaten und Völkern durch staatsfremde Mächte, durch politisch induzierten Wandel in elementaren Lebensbereichen, weshalb das **politische System** darauf reagieren muss. Dem Menschen fällt dabei die Rolle zu, auf Grund seiner geistigen Fähigkeiten die für ihn im Zusammenhang mit der Natur günstigen Bedingungen für die Zukunft mit zu gestalten, also sinnvoll Einfluss zu nehmen.

Die deutsche Bevölkerung wird auch regiert von einer supranationalen Behörde, die von den europäischen Staaten gebildet wurde und bedingt durch ein **Europaparlament** „kontrolliert" wird, Ihr verwaltungstechnisches Treiben wirkt sich auf den Bürger mehrfach aus und dieser Bürger hat nur indirekt und bedingt über spezifisch gewählte Parlamentarier Einfluss.[166] Gegen die inflationäre Banken-Tendenzen mit ihrer Zins-Politik kann sich nicht wehren.[167]

In der föderalen Bundesrepublik enthält das politische System ein Parlament, wo der Kanzler die Aktivitäten über längere Zeit bestimmt, so z.B. in letzter Zeit in bedeutendem Maße mit der **Umwandlung des Energieversorgungssystems**, in der Inkorporation vom **Asylsuchenden** bzw. mit der Aufnahme von **Migranten**, die aus Wirtschafts- und Sozialsystem-Gründen in der Bundesrepublik bleiben möchten. Allerdings ist die Prüfung auf Berechtigung einer Asylgewährung hinsichtlich des tatsächlichen Fluchtgrundes umfangreich und aufwendig und zieht evtl. auch gerichtliche Nachprüfungen nach sich.[168] Zur Zeit der Formulierung des Grundgesetzes hatte man über die Auswirkungen andere Vorstellungen als heute und man dachte nicht an eine Massenbewegung.[169]

Das gegenwärtige (deutsche) **Regierungssystem** unter der **Bundeskanzlerin** kann man in der Betrachtung verschieden angehen, was einige Politikwissenschaftler analytisch tun und anhand der Ergebnisse beurteilen. Man kann z.B. die Kanzlerin als Mensch beurteilen, was sich in folgender Aussage zeigt: *Ihre erste **emotionale Entscheidung** war der **Atomausstieg** nach Fukushima. Da wusste sie einen Großteil der Bürger hinter sich.*[170] *Die zweite emotionale Entscheidung war die **Grenzöffnung für die Flüchtlinge** im Herbst. Das wurde weltweit als große humanitäre Geste gefeiert. Durchdacht war das allerdings nicht.*[171] *Mit diesen zwei Ereignissen hat sie ihre **Selbstüberschätzung** noch einmal bestätigt*, Bedenken und Kritik lässt sie nicht zu, sie gesteht keine Fehler.

Die Entscheidungen werden normalerweise im Bundeskanzleramt vorbereitet, wie es im Ablauf des exekutiven Regierens formal festgelegt ist.[172] Fachleute beraten und beeinflussen die Tendenz, aber nicht immer werden Entscheidungen sorgfältig „vom ,Ende her#" geplant, so können im Gegensatz dazu z.B. der Atomausstieg, die Energiewende, die ungeheure Umwälzungen erzeugt, die Flüchtlingskrise, wo der urplötzlich humanitäre Zug der Bundeskanzlerin einen gewaltigen Zustrom hervorruft, das Ende der Wehrpflicht usw. als prompte (ad-hoc) Entscheidungen bezeichnet. Solche Unternehmen bringen Risiken mit sich, die es zu minimieren gilt.[173] Fachlich ist die Alternative zu unserem gegenwärtigen kontinuierlichen

166 https://www.tagesspiegel.de/politik/kritik-an-bruessel-die-eu-kommission-ist-besser-als-ihr-ruf/20117162.html
167 https://www.epochtimes.de/politik/deutschland/prof-hans-werner-sinn-ezb-foerdert-inflation-zu-lasten-deutschlands-a2403079.html 2018
168 http://www.bamf.de/DE/Fluechtlingsschutz/AblaufAsyl/Schutzformen/Asylberechtigung/asylberechtigung-node.html https://www.welt.de/politik/deutschland/article161740112/Fast-alle-Fluechtlinge-duerfen-dauerhaft-bleiben.html
169 https://www.europa.clio-online.de/essay/id/artikel-4201 2017
170 Die Fachleute nicht, siehe: http://nuklearia.de/2012/09/21/kurz-und-knapp-17-pro-atom-argumente/ https://www.welt.de/debatte/kommentare/article160030346/Merkels-Atomausstieg-erhaelt-die-Note-mangelhaft.html
171 https://www.huffingtonpost.de/2016/01/24/psychoanalytiker-hans-joachim-maaz-angela-merkel-n_9064278.html https://www.grin.com/document/316557 Adalbert Rabich, 2016 52 Seiten
172 https://www.springer.com/de/book/9783531170374 Karl-Rudolf Korte 2010 S. 19 bis 35 Systemanalyse
173 http://der-autokritiker.de/themen%202016/160524_Frau%20Dr%20rer%20nat%20Angela%20Merkel.pdf

Stromversorgungssystem ein Nutzen witterungsabhängiger Energien mit seinen unbestimmten Ausfallzeiten, sind bei einer Äquivalenzforderung demzufolge enorme Speicherkapazitäten usw., die nicht vorhanden sind, deshalb technisch **unausgereift**[174] und **kostenaufwendig**.[175] Die Aufweitung von „Flüchtlingen" durch Willkommenskultur war mit ihrer Problematik voraussehbar, wurde aber zu einer guten Tat – ohne negative Auswirkungen – hochstilisiert, tatsächlich war sie aber von zerstörerischer und umwälzender politischer Kraft.[176]

Einige Bundespolitiker oder Minister kreiden die fehlende Vorausplanung als ihren **Fehler** an, manchmal nicht ungestraft.[177] Es heißt, sie sei eine **Machtpolitikerin.** Für die kostensteigende Sozialpolitik muss der **kleine Mann** immer höhere Steuern bezahlen, das einst versprochene Senken der Steuern ist passé; bei ihm kommt nichts Positives an. Dafür steht **Europa** als Ziel an, in dem übernational regiert wird. So stehen wir jetzt und längere Zeit für die Geldförderung an Griechenland (Rettung) in Verantwortung. Bei der Kanzlerin heißt es: „Scheitert der Euro, scheitert Europa".[178] Hier fragt sich jeder vernünftige Wirtschaftspolitiker, ob gerade für den Chef einer Regierung es verantwortbar gewesen sei, ohne **eine gründliche Folgenabschätzung** zu handeln. Das gilt auch für die enorme Steigerung der Staatsschuldenlast. *Das Durchwursteln, Zaudern und Aussitzen der Kanzlerin wird Deutschland auch auf längere Sicht schwer belasten.*[179]

Faktisch kann man von jedem praktizierenden Politiker erwarten, dass er **verantwortungs**voll seinen Beruf ausübt, dass er dafür hinreichend Gefühl hat. Vom Management her muss er für sein Handeln alle verfügbaren Informationen so aufbereitet haben, dass er annehmen darf, alles Menschenmögliche für das Wohl der Allgemeinheit berücksichtigt zu haben, was der kritisch denkende Bürger zu hinterfragen hat.[180] Da nach Artikel 65 Grundgesetz der **Bundeskanzler**[181] die Richtlinien der Politik bestimmt, trägt er dafür die Verantwortung. Außerdem hat er den Vorsitz des Bundeskabinetts (mit einer Geschäftsordnung), wo innerhalb dieser Richtlinien jeder **Bundesminister** seinen Geschäftsbereich selbständig und unter eigener Verantwortung leitet. Über Meinungsverschiedenheiten zwischen den Bundesministern entscheidet das Kabinett in der Gesamtheit, der Kanzler ist Erster unter Gleichen. Der Bundeskanzler leitet die Geschäfte nach einer von der Bundesregierung beschlossenen und vom Bundespräsidenten genehmigten Geschäftsordnung. In der Struktur des **Bundeskanzleramt**es sind als Abteilungen Spiegelreferate der Ministerien vorhanden, so dass dort alle Informationen zusammenlaufen. Bei Politikwissenschaftlern herrscht die Ansicht vor, *Ein Minister muss in der Lage sein, größere Organisationen, in dem Fall Verwaltungen, zu führen. Er sollte eine Persönlichkeit haben, die seinen Mitarbeitern suggeriert: Da ist jemand, der kann das.*[182]

https://tinyurl.com/y9ql8mu7 Management von ad-hoc-Krisen. 2015
[174] https://www.eike-klima-energie.eu/2018/07/16/das-elend-des-alternativ-stroms-eine-argumentationshilfe-gegen-die-energiewende-politik/
[175] https://deutsche-wirtschafts-nachrichten.de/2018/09/28/rechnungshof-uebt-massive-kritik-umsetzung-der-energiewende/
[176] https://www.cicero.de/kultur/medien-und-fluechtlinge-die-erfindung-der-willkommenskultur
[177] Beispiel Umweltminister Röttgen. http://www.spiegel.de/politik/deutschland/streit-ueber-akw-laufzeiten-roettgen-im-abseits-a-679606.html https://www.wolfgangmichal.de/tag/abdankung/ https://www.zeit.de/politik/deutschland/2017-09/bundeskanzlerin-angela-merkel-politik-helfersyndrom
[178] http://www.faz.net/aktuell/wirtschaft/wirtschaftspolitik/fehler-von-angela-merkel-euro-krise-energiewende-fluechtlingskrise-15076075.html https://www.focus.de/politik/experten/videos/politik-die-drei-historischen-fehlentscheidungen-von-angela-merkel_id_6125407.html Prof Sinn,
[179] https://www.epochtimes.de/feuilleton/buecher/die-kritische-bilanz-der-regierung-merkel-eine-notwendige-zumutung-fuer-die-kanzlerin-a2173889.html
[180] https://derstandard.at/2000021752041/Was-ist-politische-Verantwortung Irmgard Griss, 2015
[181] https://www.service.bund.de/Content/DE/DEBehoerden/B/BK/Bundeskanzlerin.html?nn=4641496
[182] https://www.mdr.de/nachrichten/politik/inland/hmp-so-werden-ministerposten-vergeben100.htm

<u>Fachwissen benötige er selbst nicht</u>, was sich aus der Offenlegung des Erfahrungswissens der Minister auch bestätigt.[183]

Die **Kontrolle** über die Arbeit der Bundesregierung übt das **Parlament** aus, d.h. die dort versammelten Vertreter des Volkes, die **Abgeordneten**, die auch in bestimmten Ausschüssen vertreten sein können. Die Kontrolle erfolgt informationsrechtlich in der Form der Befragung der Minister, ggf. vor einem besonderen Untersuchungsausschuss.[184] Daraus können Klagen vor dem Bundesverfassungsgericht oder ein konstruktives Misstrauensvotum resultieren. Die Regierung ist zur Wahrheit nicht (immer) verpflichtet[185], beispielsweise in der Art einer wissenschaftlichen Begründung eines Vorhabens oder zur Offenlegung von Zweifeln.[186]

Den zeitbefristeten **Beruf** eines **Bundestagsabgeordneten** wird durch eine Wahl ermöglicht, und zwar in einem Wahlkreis, meist von einer Partei vorgeschlagen. Als Vertreter des Volkes hat er die Pflicht, z.B. an den Sitzungen des Parlaments (z.B. Gesetzesvorhaben, Haushalt) und – als Mitglied eines Ausschusses - an deren Sitzungen teilzunehmen. Er hat **Informationen** vom und zum Volk zu vermitteln und den Bedürfnissen des Volkes in seinem Wahlkreis Geltung zu verschaffen.[187] Tatsächlich vertritt er in der Hauptsache seine regionalen Parteifreunde, da andere ihn gar nicht erst kontaktieren, wenn es um andere parteifremde und persönliche Anliegen geht. Möglicherweise nutzt er dann andere Informationskanäle[188], evtl. das Internet bzw. die Sozialen Netzwerke oder er wendet sich an Beauftragte der Bundesregierung oder den Petitionsausschuss.[189] Eine zentrale, alle Engagements koordinierend Stelle gibt es nicht.

Nach dem Grundgesetz ist der Abgeordnete (Bundes-/Landtag) frei von Weisungen und Aufträgen, er kann seine Arbeitszeit außerhalb der Parlamentszeit selbst einteilen; generell geht man davon aus, dass er ein Gewissen hat. Hinsichtlich seiner Äußerungen als Abgeordneter genießt er den Indemnitäts-Schutz; er darf deswegen nicht strafverfolgt werden. Ist er einem Zusammenschluss, einer Fraktion zugeordnet, wird von ihm erwartet, dass er **Parteidisziplin** übt, andernfalls er als Abweichler mit Sanktionen zu rechnen habe. Das ist insbesondere verständlich, wenn er über eine Landesliste einer Partei als Abgeordneter vorgeschlagen wurde.

---

[183] https://www.focus.de/politik/deutschland/heil-scheuer-maas-von-der-uni-in-den-bundestag-welche-minister-noch-nie-einen-job-hatten_id_9254209.html
[184] https://de.wikipedia.org/wiki/Parlamentarische_Kontrolle GO'BT § 106, Abs.2 / Parl. Kontrollgremium
       https://www.grin.com/document/164851 Johann Friedrich, Kontrollfunktion BT, 2010
       https://www.bundesverfassungsgericht.de/SharedDocs/Pressemitteilungen/DE/2017/bvg17-094.html
[185] https://www.bundestag.de/blob/423656/c2dc787a9b14153d4bb30ad702c05d42/wd-3-469-07-pdf-data.pdf
[186] https://www.tichyseinblick.de/kolumnen/alexander-wallasch-heute/fragestunde-im-bundestag-applaus-inszenierung-statt-kontrolle-der-regierung/ Beschränkung der Frage-/Antwortzeit, keine Nachfragen
       https://www.eike-klima-energie.eu/2015/12/11/das-verteufelte-co2-und-die-bundesregierung/
       https://www.epochtimes.de/wissen/klimaschutz-schuetzt-gegen-das-klima-die-scheinargumente-der-sendung-klimareport-a2295017.html
       https://www.freiewelt.net/blog/generaldebatte-bundesregierung-will-per-gesetz-das-klima-schuetzen-und-die-emissions-luecke-damit-bis-2030-schliessen-10073953/
[187] http://www.paul-lehrieder.de/zur-person-paul-lehrieder-bundestagsabgeordneter-wuerzburg/aufgaben-eines-abgeordneten.html
[188] http://www.anstageslicht.de/whistleblower/an-wen-sich-whistleblower-wenden-koennen/
[189] https://www.bmfsfj.de/blob/93678/b9388038c7a0cfb3441f5c2cae98c40d/erster-engagementbericht-bericht-der-bundesregierung-data.pdf   https://www.politik-sind-wir.net/showthread.php/50900-Ministerium-f%C3%BCr-B%C3%BCrger-Anliegen-gr%C3%BCnden
       https://de.newskitchen.eu/2017/03/07/sinnvoll-aber-begrenzte-reichweite-e-petitionen-beim-deutschen-bundestag/

Zudem *muss er sich an den Meinungen Anderer orientieren, weil kein Abgeordneter in allen Fachthemen ausreichende Sachkenntnis haben kann.*[190] Eine mandatswidrige Verhaltens-Unterordnung widerspricht jedoch dem Wesen einer Volksvertretung, was der Wähler selbst aber es hinnehmen muss.[191] *Gewählt ist gewählt.*[192]

Oft ist interessant, ob der **Bundestagsabgeordnete** bereits früher einen verantwortlichen Beruf ausgeübt hat und bundestagsrelevante Vorerfahrung besitzt. In der statistischen Übersicht zeigt sich für die jetzige Wahlperiode eine deutlich vom Volk unterschiedliche Zusammensetzung[193]. So sind bei den freien Berufen 99 als juristische oder verwaltungsbezogene verzeichnet, dazu kommen noch beamtete aus dem öffentlichen Dienst. 152 haben das juristische Studium abgeschlossen. Dagegen sind 29 Naturwissenschaftler und 25 Ingenieure aufgeführt.[194] Über die früher eingenommene Stellung und ihre Erfahrung ist nichts bekannt. Es kann auch kein Verhältnis des jetzigen und früheren Einkommens sowie der Arbeitszeiten ermittelt werden.

Die Abgeordneten-**Arbe**it ist hauptsächlich Denk- und Kommunikationsarbeit, wobei die Anteile bei den Abgeordneten ungewiss sind. <u>Sie wird rationalisiert, indem man die Zeiten minimiert und zweckmäßig koordiniert.</u> Bei begrenzten Sprechzeiten im Parlament muss man hinnehmen, wenn die Denkarbeit durch Nichtzuhören missachtet wird, wie es geschieht, wenn beim Thema Diesel-Abgasbegrenzung/Fahrverbot die fehlerhaften, ungenormten Messungen vom Fachmann bemängelt werden und keine positive Reaktion stattfindet[195]; dass dieser Hinweis keine Wirkung erzielt, frustriert. Für die Besuche im Parlament kann Anwesenheitspflicht bestehen, aber auch in Ausschüssen usw., aber: hat jeder Abgeordnete <u>ausreichend Zeit, sich mit den anstehenden Fachthemen zu beschäftigen</u>, die Gesetzestexte sorgfältig zu lesen? Ist er befähigt, bei Anhörungen von Sachverständigen den Vortraginhalt zu beurteilen? Auch wenn er Mitarbeiter beschäftigt und von diesen in gewisser Weise entlastet wird[196], indem sie sich aus allgemeinen Medien informieren und das dem Abgeordneten vermittelt, so <u>müsste sein Augenmerk doch darauf gerichtet sein</u>, wirklich fachlich die Thematiken in zuverlässigen (wissenschaftlichen) Quellen zu eruieren, um **rationell und bestmöglich die Vertretungsaufgabe** zu erfüllen.[197] Ob die Interessen des Volkes und auch die von Minderheiten in den Köpfen auch verarbeitet werden, weiß niemand, jedoch meinen Politikwissenschaftler, dass die Interessen im Volk (auf jeden Fall) repräsentativ vertreten würden, weil das so sein muss. *Ob der einzelne Abgeordnete bei Abstimmungen im Parlament streng nach Wählerwillen, nach bestem Wissen und Gewissen oder ganz im Sinne seiner durch ihn vertretenen Partei abstimmen soll, das ist eine Frage des Repräsentationsstils,*[198]

---

[190] https://de.wikipedia.org/wiki/Fraktionsdisziplin
[191] https://www.juraforum.de/lexikon/fraktionszwang
[192] http://www.quotez.net/german/konrad_adenauer.htm 1949 nach seiner knappen Wahl z. Bun deskanzler
[193] https://tinyurl.com/yakeo9954 amtliche Statistik des Bundestages - nicht real repräsentativ
    https://projekte.sueddeutsche.de/artikel/politik/bundestag-diese-abgeordneten-fehlen-e291979/
[194] https://www.berliner-zeitung.de/politik/berufe-im-bundestag-was-haben-die-abgeordneten-eigentlich-gelernt--30418446
[195] https://afdkompakt.de/2018/02/28/dieselfahrverbote-staatliche-hysterie-zum-nachteil-der-buerger/
[196] https://www.bundestag.de/dokumente/textarchiv/2015/kw32_mitarbeiter/384392
    http://www.faz.net/aktuell/politik/inland/bundestag-der-bueroleiter-das-unbekannte-wesen-13283800.html
[197] https://www.politik-kommunikation.de/ressorts/artikel/wie-sich-abgeordnete-unter-zeitdruck-informieren-281987347 https://www.nomos-shop.de/Kennert-Informationsverhalten-Bundestagsabgeordneten/productview.aspx?product=37700 Ulrike Kennert, 2018 Dissertation
[198] https://www.grin.com/document/29881 Christian Schwab, Abgeordnete u.a. mit Tätigkeitsanalyse 2003

Die Möglichkeit, dass man der Bevölkerung eine **Ansprechstelle** für Beschwerden, Anregungen usw. einräumt, besteht faktisch nur für die Soldaten im Wehrbeauftragten. Eine ähnliche Stelle, z.b. für die soziale Gerechtigkeits-Verletzungen gibt es nicht, aber man kann in einzelnen Fällen Bundesbeauftragte[199] direkt ansprechen, z.b. die für Opfer von Terrorakten, Behin-derte, Patienten, Pflege, Drogenabhängige und Angehörige von nationalen Minderheiten. In dieser Stelle könnten die aktuellen „Probleme" zentral gesammelt, gesichtet und im Sinne des Volkes bearbeitet und ggf. in Gesetzesvorlagen eingebracht werden.[200] Gleichzeitig könnte man die Abgeordneten so gewissermaßen unabhängig von den Parteien entlasten.

Erkennen kann man die Intensität der **Interessen-Vertretung des Abgeordneten** an der Nutzung der ihm gegebenen Informationsmöglichkeiten, ob er sich beispielsweise aktiv des Auskunftsersuchens (Kleine Anfrage Bundestag) bedient, ob er die Möglichkeiten des Internets in einer eigenen Webseite[201], in einem Anfrage-Portal usw. zur Verfügung stellt. Auf jeden Fall wären die so erhaltenen Informationen nach dem Sachverhalt, der Wahrheit und der Qualität zu selektieren und zu bewerten. Nachteilig ist hier der Zeitdruck, unter den das Parlament manchmal von der Regierung gesetzt wird, wodurch die **Qualität** des Parlamentsarbeit zwanglaüfig erheblich leidet.[202] Eine Arbeits- und Tätigkeitsanalyse über die Bundestagsarbeit gibt es nicht, sodass man keinen Einblick bekommt, wieweit über die Kommunikationen (Sitzungen) hinaus vertiefende **eigene Erkenntnissuche** in problematische Sachbereiche als Entscheidungsvorbereitung getrieben werden kann oder wird[203], denn nur mit einem **eigenen fundierten Standpunkt** leistet man einen realen Beitrag, sonst ist man beeinflusst.

Für das Starten einer **Parlamentsarbeit** sind Akteure notwendig, aber das Nachvollziehen und Bewerten der Arbeit hinsichtlich zügigen Arbeitsflusses und der Qualität ist in dem komplexen politischen System kaum richtig erfassbar.[204] Damit unterbleibt eine Untersuchung auf Effizienz und Besserungsansätzen, auf ein Optimieren. *Die Herrschaft der politischen Parteien hat es mit sich gebracht, dass Deliberation und Entscheidung separiert sind. In der parlamentarischen Realität ist der **Abgeordnete** nicht allein dem Willen seines Wählers und seinem Gewissen verpflichtet, sondern an **Fraktionsbeschlüsse** gebunden. Die Chefs der Regierungsfraktionen richten die Abgeordneten auf eine bereits in informellen Absprachen mit der Regierung abgestimmte Richtung aus. Carl Schmitt (2003: 319) stellte schon fest: "Das **Parlament wird eine Art Behörde**, die in geheimer Beratung beschließt und das Ergebnis der Beschlussfassung in einer öffentlichen Sitzung in der Form von Abstimmungen verkündet.[205] Die Abstimmung kann dann im Prinzip vor leeren Stühlen durchgeführt werden*, wie sich an den Fernsehdarbietungen der Plenarsitzungen leicht feststellen lässt.

---

[199] https://www.bundestag.de/blob/494258/ceda55b2693bdf42850ad8f9bfcf9a4a/bundesbeauftragte-data.pdf
[200] Ähnlich dem Verbesserungsvorschlagswesen http://www.spiegel.de/spiegel/print/d-46407388.html 1966
[201] https://www.sueddeutsche.de/politik/mdb-homepage-test-wwwdurchschnittde-1.894780
   Beispiel: https://rmueller-boehm.abgeordnete.fdpbt.de/ Hier der Mitarbeiterkreis
   https://www.youtube.com/watch?v=9hDJNEhM8Hw
[202] https://www.prager-fruehling-magazin.de/de/article/1025.wie-die-demokratie-dem-markt-geopfert-
   wird.html Fritz Reheis, 2013 (Aussage des Parlamentspräsidenten N. Lammert)
[203] https://www.bundestag.de/wissenschaftlichedienste Hier Liste der internen Arbeiten
[204] https://tinyurl.com/ybr5547w Kl.H.Schrank – M. Soldner, Analyse demokratischer Systeme, 2010, S.308ff
[205] Markus Holzinger, 2010 http://www.humanistische-
   union.de/nc/publikationen/vorgaenge/online_artikel/online_artikel_detail/back/vorgaenge-191/article/die-
   informalisierung-der-politik/

Eine positive Ausnahme stellt die Arbeit des **Petitionsausschusses** dar, da sie dem Bürger die Möglichkeit einräumt, sich direkt an den Bundestag zu wenden. Ihre Eingabezahlen geben Anlass, über die Mängel in der Realität der Demokratie nachzudenken. Leider gibt es in den Jahresberichten keinen Hinweis, wieweit die Anliegen bearbeitungswürdig sind und ob sie zum Erfolg geführt haben.[206] Das Internet wird auch für das Zünden von Bewegungen missbraucht, die keineswegs in ein vernünftiges politisches System passen, aber eine relevante Eingangs-Kontrolle ist bisher nicht vorgesehen. Der Bürger benötigt einen Ansprechpartner, der sein Anliegen versteht, es zur Weiterverarbeitung aufbereitet und so z.b. **soziale Ungerechtigkeiten** zu beseitigen hilft. Jetzt nutzen private Unternehmen diese Lücke und stellen eine Unterstützung her, die eigentlich dem Staat gebührt.[207]

Viele Politiker gehen davon aus, dass die **Abgeordneten das Volk repräsentieren.**[208] Tatsächlich werden sie von einer Zahl von Wählern aus einem Wahlkreis aus den relevanten Angeboten (vornehmlich der Parteien) ausgewählt und erhalten so ein (freies) Mandat, wodurch sie Mitglied eines Parlaments werden, das in der Gesamtheit das ganze Volk repräsentiert, über dessen Interessen berät und Beschlüsse fasst.[209] Eine direkte Beziehung Wähler-Abgeordneter besteht nur während der Wahl. Den Konflikt zwischen Gewissen und Partei-Motivation zu lösen, ist eine Aufgabe des Abgeordneten, dessen Entscheid durch Fraktionsabsprachen aufgehoben sein kann. Der Bundestagsvizepräsident Thierse hält die Partei für den besseren Bezug.[210] *Tatsächlich haben die **Parteien** jene Ebene, auf die man sich begeben muss, um politischen Einfluss zu gewinnen, vollständig in Besitz genommen. Sie haben damit nicht nur das Grundgesetz höchst einseitig zu ihren Gunsten ausgelegt, sondern auch einen der ehrwürdigsten Grundsätze des Verfassungslebens, die Trennung der Gewalten, weitgehend außer Kraft gesetzt.*[211]

Mit dem Begriff **Volk** in der Floskel: *Wir sind das Volk*, ist das Staatsvolk gemeint, d.h. die Bevölkerung in einem abgegrenzten Territorium[212], aber eben insbesondere diejenigen, die die Abgeordneten gewählt haben und nun von dem Handeln der Abgeordneten enttäuscht sind und ihren Willen respektiert sehen wollen. Aber diese Menschen stellen keine homogene Gruppe mit gleicher Vorstellung und Aktivität dar, weshalb die Gleichsetzung mit völkischen Denken unangebracht ist.[213] Diese Menschen haben zuweilen Probleme mit den Praktiken der Politiker und Abgeordneten, die formal nicht auf ihr Tun kontrolliert werden. Da offiziell keiner die Abgeordneten kontrolliert wird, muss dies die **Öffentlichkeit** tun, so fällt beispielsweise den **Journalisten** hier eine besondere Aufgabe zu. Aber da kann der Zweck, eine definierte Meinung zu erzeugen, den Blick für die nackte Wahrheit trüben. Es entsteht *die Halb- und Viertelwahrheit, die Verzerrung, die Beschönigung, die Vorverurteilung. Hier wird an der Wahrheit modelliert und manipuliert je nach Nutzen und Brauchbarkeit im Sinn eigener*

---

[206] https://www.bundestag.de/blob/513850/3404f3a62d4e39ee22017e98a1528ffb/protokoll_170529-data.pdf
https://fragdenstaat.de/anfrage/liste-aller-erfolgreichen-petitionen-an-den-bundestag/
[207] https://gez-boykott.de/Forum/index.php?topic=12904.0
[208] http://www.bpb.de/nachschlagen/lexika/das-junge-politik-lexikon/161564/repraesentation-repraesentanz-repraesentieren
[209] https://tinyurl.com/y9knkd6w https://tinyurl.com/yb7a6dqz rede-an-die-waehler-edmund-burke 1774
[210] http://www.fvss.de/assets/media/jahresarbeiten/powi/gewissensfreiheit.pdf Fußnote 21
[211] https://www.deutschlandfunk.de/die-innere-kuendigung-oder-was-das-volk-will.724.de.html?dram:article_id=100054 Konrad Adam 2010
[212] https://www.rosalux.de/fileadmin/rls_uploads/pdfs/103_4_Loetzsch.pdf Roland Lötzsch, 1999
https://www.cicero.de/innenpolitik/merkels-volksbegriff-Bleiche-Mutter-ohne-Courage A.E. Toprak, 2017
[213] https://www.deutschlandfunk.de/wer-ist-das-volk-wandel-und-missbrauch-eines-gruppenbegriffs.1310.de.html?dram:article_id=382221

vorgefaßter Meinungen. Das ist Utilitarismus pur. Hier, bei der Subjektivität (des Journalisten), fängt der **Wille** *an, mithin die Versuchung zur* **Manipulation**. *Und wenn man es genau nimmt. ist hier auch die Quelle des* <u>*Mythos von der Objektivität*</u> *zu suchen, weil es eben viele Journalisten gibt, die an die Objektivität glauben oder vorgeben, danach zu handeln, obwohl es nicht möglich ist.*[214] Viele der Journalisten haben ihre Vorzugspartei, ihren Status der Abhängigkeit und ihre Beschränktheit in der Informations-Quellenforschung[215] und sie haben manchmal auch keine Zeit für so etwas. Der Bürger bleibt so von der Nachprüfung und Wahrheit verschont. Leider gibt es für politische Wissenschaften keine realen und objektive Rechercheure und Analysten, die investigativen Journalisten pflegen ohnehin einen anderen Stil und bezwecken mit ihren Arbeiten etwas anderes als kritische Forschung.[216]

5. Der Prozess der Entscheidung bei der Problem-Lösung

Im Laufe der Evolution hat der Mensch gelernt, **Probleme** als solche zu erkennen und diese durch rationelles Denken zu lösen, wobei er sich immer weiter von der instinktiven zu einer bewusst rationalen Entscheidung bewegte, von der für ein Individuum zu solchen einer Gemeinschaft, genauer zur Führung der nachgeordneten Menschengruppe oder der Gruppen. Solange der Mensch durch Ideologie oder einen Glauben die Welt als in Ordnung befindlich ansah, hatte er es nicht nötig, Lösungsalternativen zu suchen oder sich für eine wahrscheinlich richtige vernünftig oder falsch zu entscheiden. Wenn Propheten oder Zukunftsverkünder die möglicherweise mühsame und risikobeladene Denkarbeit ersparen ließen, war das sogar bequem. Erst mit zunehmender Schwierigkeit, eine **Aufgabe** einfach und befriedigend zu erfüllen, steht man vor einem Problem, weil sich die Menschen bereits hier unterscheiden; manche sehen überhaupt kein Problem und damit auch nicht, ob es unlösbar ist oder zu lösen wäre.[217]

Gerade, wenn eine Aufgabe nicht ohne weiteres lösbar zu sein scheint und als Problem dargestellt wird, muss man sich hüten, mit Vorurteilen befangen an die Arbeit zu gehen.[218] Es gab Zeiten, in denen die Menschen sich vor Vernichtungsmächten fürchteten und an einen **Welt-Untergang** gemäß dem herrschenden Dogma glaubten. Im letzten Jahrhundert folgerten Wissenschaftler aus dem wahrscheinlichen Aufbrauchen der irdischen Vorräte an Gefahren für die gesamte Menschheit und forderten Maßnahmen dagegen. Ähnliches geschah mit dem **Klima**, insbesondere einer (globalen) Temperaturerhöhung an der Erdoberfläche infolge des anthropogenen Verbrennungsproduktes Kohlendioxid, das sich in der Atmosphäre sammelt. Als Beweis benutzte man die Daten des Kohlendioxid-Anstiegs über der Zeit in Korrelation zu historischen Temperatur-Daten und verglich sie mit Zeitperioden von der Gegenwart, aber das zeigte Abweichungen.[219] Auf Anregung der UN wurde ein spezieller Ausschuss gegründet, in denen die Staaten Delegierte entsenden, deren Aufgabe die (selektive) Auswertung

---

[214] https://www.tabularasamagazin.de/mythosobjektivitaet-vomumgang-der-journalisten-mit-der-wahrheit/
       Jürgen Liminski, Redakteur beim Deutschlandfunk 2013
[215] Beispiel: https://sciencefiles.org/2018/09/20/angriffe-auf-journalisten-falschung-und-wahrheit/
[216] https://tinyurl.com/yag945zt
[217] https://de.wikipedia.org/wiki/Problem https://www.grin.com/document/266228 Rabich, Die Problematik
       offener Probleme, 2013
[218] https://www.grin.com/document/266228 Rabich, A. Die Problematik offener Probleme, GRIN, 2013
[219] https://www.eike-klima-energie.eu/tag/prof-kirstein/?print=print-search
       https://www.novo-argumente.com/artikel/die_sonnenallergie_der_klimaforscher

klimarelevanter Feststellungen und die Erstellung eines Berichtes über den **Forschungsstand** sein soll.[220] Anforderungen an messtechnische Beweise etc. wurden nicht gestellt.

Konzeptionell ist dieser Bericht jedoch keine vollständige Basisquelle für klimarelevante Forschungen, weil Minderheiten-Ergebnisse nicht berücksichtigt sind, obwohl es offiziell heißt: *Das Team (Arbeitsgruppe) muss sich auf die Darstellung und wissenschaftliche Bewertung des Sachstands einigen.* Konträre Ansichten, Wissenslücken und Unsicherheiten werden im Bericht klar dargestellt.[221] *Ungeachtet wird in den Plenarsitzungen (IPCC) für das politische Tagesgeschäft eine "Zusammenfassung für politische Entscheidungsträger" (Summary for Policymakers – SPM) erstellt, die auf der Sitzung von den Delegierten verabschiedet wird.*[222] Das Konsens-Ergebnis wirkt weitgehend als **Dogma** und **normativ.** *Durch ihre Zustimmung zu den IPCC-Berichten erkennen die Regierungen deren wissenschaftliche Aussagen explizit an. Doch bisweilen wird um die Formulierungen extrem hart gerungen, nach Vorlage des Fünften Sachstandsberichts wurde dieser Prozess von einigen beteiligten Wissenschaftlern teils heftig kritisiert.*[223]

Obwohl die IPCC Trendaussagen wissenschaftlich nicht allgemein akzeptiert werden, wird die Forschungsförderung in der Bundesrepublik Deutschland danach ausgerichtet, was wiederum eine Spaltung in Befürworter und Oppositionelle erzeugt.[224] Die **Politisierung der Klima- und Energiewissenschaft** widerspricht jedoch exakt dem grundlegenden Objektivierungsgedanken und vernachlässigt die Wirtschaftsfolgen. So ist plötzlich aus einer Überlegung ein **Dogma** geworden, dem vielfach gefolgt wird.[225] *Es mag wissenschaftlich begründbar sein, umfangreiche Forschungsaktivitäten etwa zum Einfluss der Klimaveränderung auf Leberwurst zu initiieren und im Rahmen einer Lehrstuhlinhabe mit den zur Verfügung stehenden Mitteln in umfangreicher Weise durchzuführen und dabei andere Fragestellungen zu vernachlässigen.*[226]

Handelt es sich um reine Sachverhalte, braucht man sich nicht um die Unwägbarkeiten aus der Gefühlswelt zu kümmern, wie es beispielsweise im politischen Geschehen der Fall ist. Dann hat der Manager den **Entscheidungsprozess** in gewohnter Weise zu beginnen, z.B. den Stand der Technik für das betreffende Sachgebiet näher zu ermitteln.[227] Wichtig ist dabei, dass möglichst ausreichend zuverlässige und qualitativ hochwertige Alternativen gefunden werden, aus denen unter kritischer Sicht und sorgfältigem Abwägen ausgewählt werden kann, wobei die Realisierbarkeit unter Akzeptanz der Bevölkerung gewährleistet sein muss. Nicht selten wird aber ein Problem gar nicht wahrgenommen, vor allem dann, wenn ein Ziel z.B. aus dem **politischen Willen** heraus bereits fixiert ist und man Fremdleistungsunternehmen mit der grundlegenden Suchphase oder der Lösung von Einzelfragen beauftragt, wodurch die Objektivität gefährdet ist oder Optimierungsmöglichkeiten unterlassen werden können, abgesehen davon, dass Lösungsvorschläge außerhalb des politischen Entscheidungspfades gar nicht erst geprüft werden und später nicht mehr festgestellt werden kann, wo und wie Lobby-Akteure Einfluss genommen haben.[228]

---

[220] http://wiki.bildungsserver.de/klimawandel/index.php/IPCC

[221] https://www.de-ipcc.de/226.php

[222] http://www.mpimet.mpg.de/kommunikation/fragen-zu-klima-faq/was-ist-das-ipcc/ .

[223] https://www.klimafakten.de/meldung/der-ipcc-ein-kurzportraet-teil-1 2014/2015 + 2018

[224] https://www.achgut.com/artikel/klimaforscher_vor_gericht https://www.misesde.org/?p=17136

[225] http://wissensfieber.de/der-klimawandel-als-das-herausragende-dogma-unserer-zeit/

[226] https://de.wikipedia.org/wiki/Forschungsfreiheit Unter *Themenfreiheit*

[227] http://www.ibim.de/management/1-3.htm

[228] https://www.zdf.de/wissen/scobel/wie-werden-politische-entscheidungen-beeinflusst-100.html
      https://link.springer.com/chapter/10.1007/978-3-322-80513-3_13 Leif, T. – Speth, R. 2003

Will man in einer pluralistischen Gesellschaft, einer Demokratie eine Entscheidung herbeiführen, indem man all die verschiedenen Standpunkte berücksichtigt, ist der **Prozess** naturgemäß zeitraubend und **nicht optimal**, weil z.B. die eingebrachte Qualität zu niedrig oder im Sachverhalt wissenschaftlich als abwegig angesehen werden muss.[229] Der Vorteil der breiten Interesseneinvernahme, bei der zwar unklar ist, ob wirklich alle Meinungen und Fachkompetenzen im Volk zur Geltung kommen wie sie beispielsweise im Internet erscheinen, steht gegen die Notwendigkeit, schnell und qualifiziert zum Ende der Beratungen zu kommen, wie es bei Katastrophen sein muss. Eine geordnete **Bürgerbeteiligung** könnte das wohl bessern.[230] Ergänzend soll erwähnt werden, dass nicht selten politische Entscheidungen auch in Institutionen außerhalb eines demokratischen Prozesses gefällt werden.[231]

Nicht zu übersehen ist, dass bei einer Reihe von Bürgern das Gefühl entstanden ist, sie würden nicht einmal gehört, man kümmere sich nicht darum, die naheliegenden Ungerechtigkeiten zu beseitigen, weshalb Bürger versuchen, **Protestbewegungen** oder Demonstrationen zu organisieren, um die Politik auf sich aufmerksam zu machen, aber die Medien verzerren das nüchterne und von starkem Nationalgefühl getragene Bild des Begehrens und arrangieren eher ein Feindbild von einem Gemenge mit Rassisten, Rechtsradikalen etc., was keineswegs mit einer beispielhaften Analyse übereinstimmt[232] und von dem eigentlich angezeigten Notwendigkeit einer Kommunikation mit den Demonstranten abweicht. So braucht man sich nicht zu wundern, wenn sie von sogenannten Volksparteien abwandern, Nichtwähler werden oder sich aus der politischen Beteiligung zurückziehen. Die entscheidenden Politiker reagieren auf solche Demonstrationen erfahrungsgemäß kaum positiv, weil dort insbesondere gewisse Minderheiten aktiv sein können, die wenig demokratiefreundlich sind.[233] Immer wird es Feinde der Ordnung im Staat geben, die sich in Schlägereien wohl fühlen.

Wenn sich das wählende Individuum bereits vorher für eine Partei entschieden hat, verharrt es oft in dieser Einstellung, es neigt zu der, die ihm persönliche Vorteile zu bringen scheint. Somit ist der nüchtern und kritisch das politische Geschehen beobachtende Bürger eher selten, weshalb die Wahlwerbung emotional auslösende Motive anzusprechen versucht. Die wenigen, die der Illusion einer **direkten Demokratie** anhängen, haben derzeit ohnehin wenig Aussicht, in den jeweiligen politischen Prozess einbezogen zu werden, was beim Individuum nicht selten Frustration erzeugt. Wenn die gewählten Vertreter des Volkes, die Bundestagsabgeordneten von den Parteien nominiert sind, verhalten sie sich demgemäß, es bleibt offen, ob sie dann das Volk wirklich repräsentieren bzw. überhaupt können?[234] Von einigen wird sogar bezweifelt, ob die Demokratie die beste Staatsform sei, weil der Durchschnittsbürger die hochkomplexen Probleme faktisch kaum versteht.[235] Die Reaktion zu Veränderungen verläuft deshalb meist sehr träge, da eine Ungerechtigkeit erst erspürt und festgestellt sein muss,.

---

[229] http://www.bpb.de/shop/lernen/themenblaetter/36582/entscheiden-in-der-demokratie

[230] Matrix der Bürgerbeteiligung S. 169 in: http://www.b-b-e.de/fileadmin/inhalte/themen_materialien/engagementpolitik/nfep_verhaltenskodex_2010.pdf
https://www.grin.com/document/440915?utm_source=subject_newletter&utm_medium=email&utm_camp aign=SubjectNewsletter Bürgerbeteiligung in vergleichender Sicht, 2016

[231] https://books.google.de/books?id=iMwX3taP_IAC&printsec=frontcover&hl=de#v=onepage&q&f=false
Postnationale Demokratie am Beispiel EU, WTOP und UNO, 2011 (Dingwerth, Blauberger, Schneider)

[232] https://tu-dresden.de/gsw/phil/powi/polsys/ressourcen/dateien/forschung/pegida/patzelt-analyse-pegida-2015-01.pdf?lang=de TU Dresden 36 Seiten, mit der Befragungsprozedur

[233] http://tinyurl.com/y88wec2v http://www3.ilch.uminho.pt/kultur/B%C3%BCrgerbewegungen.htm
https://www.grin.com/document/71009 Ziel: grundlegender sozialer Wandel 2004

[234] https://gloria.tv/article/syhK3X9LC3zV4RU3eRDQf9KbB Michael Hardt, 2013/2017

[235] https://demokratie.geschichte-schweiz.ch/

6. Wonach könnte der Mensch streben?

Jedes normale Individuum hat ein Idealbild von seinem Leben. Wenn man sich heute in den Publikationen umschaut, dann strebt der Mensch nach der Zeit des Existenzkampfes danach, **glücklich** und mächtig zu sein. Man muss also einerseits seinen Lebensraum verteidigen, andererseits Macht erkämpfen und für Machterhalt womöglich Kriege führen. Ein Frieden zwischen den Mächten (oder Völkern) ist nur mit Wehrerhalt möglich, lange Zeit bleibt die ethische Seite militärischer Aufrüstung und Kriegsbereitschaft nachrangig. nur bei wenigen gilt der Pazifismus als Ideal, weil der **friedfertige Mensch** nicht allgemein verbreitet ist.[236]

In Deutschland ist im Zeichen des Neoliberalismus eine neue Haltung als **Soziale Marktwirtschaft** deklariert, hier kann jeder (im Frieden) sich selbst für sein Leben optimieren.[237] In den Veranstaltungen auf dem Kultursektor wird in dieser Richtung einiges (Wellness) getan, aber wir wissen nicht, wie groß der Anteil der Menschen dieser „egozentrischen" Denkweise tatsächlich zuneigt.[238] Durch die neoliberale Transformation des Sozialen verspricht man sich einen Impuls des *homo oeconomicus* und eine Aufwertung in **Selbstbestimmung** und -ermächtigung. Sie findet z.B. im Pflegebereich Eingang in die Praxis.[239] Im Gesundheitsbereich insgesamt kämpft die Regierung jedoch mit der Bewältigung der dafür ungeheuer ansteigenden Kosten[240], zwischen Wollen und Können klafft eine beträchtliche Lücke.

Die Schöpfungsmythen zeigen, dass man in der Evolution bereits früh über dem irdischen Dasein etwas ganz Großes vermutet und dass das Leben dem Willen Gottes unterzuordnen sei, was bei den Menschengruppen unterschiedlich gedeutet wurde und wird.[241] Mit zunehmenden Erkenntnissen aus dem Forschen über die Großartigkeit steigt man immer weiter vom Makro- zum Mikrokosmos., in Ehrfurcht geratend.[242] Und aus diesem Gefühl einer allumfassenden Ordnung, die Grundlage von Harmonie ist, sehen wir uns als geistiges Wesen in Verantwortung, als Teil bewusst danach zu handeln, nicht in krassen Kontrast dazu zu arbeiten.[243] Im geistigen Verhältnis des Menschen zu seiner Umwelt bleiben aber bei adäquater Anwendung für den notwendigen **Tatsachen-Beweis**[244] oft erkenntnis-theoretische **Unklarheiten**, weil im politischen Raum in den Reden (z.B. im Bundestag) mehr (unsachlich) polemisiert als sauber argumentiert wird und weil bei dem Menschen trotz des absolvierten Unterrichtes in der Schule nicht genügend Durchblick erreicht wird, was im **Meinungsaustausch** zu Missverständnissen führen kann. Nicht selten werden Sachverhalte in den Nachrichtensendungen als bewiesen und vertrauenswürdig dargestellt, sind es aber nicht, Quellenangaben fehlen und bei akribischen Beschwerden auf Unrichtigkeit wird einfach nicht reagiert.[245]

Da die Fragen nach der **Aufgabe des Politikers** in der Welt offensichtlich nicht ohne weiteres zu beantworten sind, bleibt die **Ungewissheit**, ob der Mensch sich mit dem bloßen Dahinleben – ohne Nachdenken - begnügen soll, wo er doch enorme Fähigkeiten besitzt, **Zusam-**

---

[236] https://de.wikipedia.org/wiki/Pazifismus https://de.wikipedia.org/wiki/Frieden
[237] http://www.bpb.de/apuz/233468/nicht-neu-aber-besmögliche-alltaegliche-selbstoptimierung-in-neoliberalen-gesellschaften Stefanie Duttweiler 2016 Universität Frankfurt am Main/Institut Sportwissenschaften
[238] https://de.wikipedia.org/wiki/Hedonismus
[239] http://www.schaumburg-regional.de/PagesPortrait/200200004/PDF/dt-ethikrat_demenz-u-selbstbestimmung_2012-04.pdf
[240] https://news-for-friends.de/regierung-zapft-gesundheitsfonds-fuer-asylbewerber-an/
[241] https://tinyurl.com/ybrcntv6 2.2.4 S. 114, S. 612ff. J. Figl, Handbuch Religionswissenschaft, 2017
[242] http://www.pro-leben.de/glaube/naturwissenschaftler_zitate.php
[243] https://tinyurl.com/yb72onvp Der Materialismus-Streit. Felis Meiner Verlag. 2012 S. 17 L.Feuerbach
[244] Beweiserfordernis, https://lexetius.com/2009,3548 https://www.grin.com/document/48002
[245] https://gemeinsam-gegen-die-gez.de/rundfunkrat-lehnt-massenweise-programmbeschwerden-ab/

menhänge oder Denkwidersprüche aufzudecken und er dazu doch eher eine Umsetzungs-Pflicht haben sollte?[246] Dazu reicht der Appell an das Gewissen der Abgeordneten nicht.

Von großer Tragweite für die Gestaltung des Lebens auf der Erde ist, dass wir Menschen über ein Organ verfügen, mit Hilfe dessen wir uns über die Dinge der irdischen Welt **Gedanken machen können**, auch darüber, ob uns das dazu verpflichtet, uns selbst immer wieder auf das Einhalten wissenschaftlicher Sauber- und Gründlichkeit und richtiger **Zielsetzung unserer Tätigkeit** zu prüfen, wobei ständig Erfahrung gesammelt und neue Erkenntnisse hinzugewonnen werden, was uns zwingt, diese auch anzuwenden. Dazu gehört, dass die Abgeordneten ihre Arbeit sinnvoll, effektiv und rationell gestalten. Aber: *Ein nicht unwesentlicher Teil der Abgeordneten sieht die parlamentarische Arbeit nur als Nebenbeschäftigung an. Nicht etwa, weil diese Abgeordneten durch ihren eigenen Beruf so in Anspruch genommen wären, sondern weil sie diesem, ihrem Mandat Ämter verdanken – in Vorständen, Aufsichts-, Verwaltungs- und Beiräten oder anderen Gremien, Ämter, die sie an der Wahrnehmung ihrer eigentlichen Mandatsaufgaben hindern.*[247] Auch wenn **Rationalisierungen** durch Redezeitbegrenzungen usw. erfolgten, so bleibt das Problem, dass ihnen nicht zugehört wird bzw. durch Zwischenrufe etc. gestört werden darf – **ohne Rücksicht auf die Qualität**. In den Ausschüssen ist aber Fachqualität wichtig, was manchmal schwierig ist, so darf man sich im **Haushaltsausschuss** nicht verzetteln, andererseits darf man auch nicht oberflächlich werden.[248] Hier müssen dann die Kompetenz und die Rede-Disziplin Auswahlkriterien sein.

Von besonderer geschichtlicher Bedeutung scheint zu sein, dass in der Evolution zunächst durch religiöse und ideologische Vorstellungen das Bild dieser Welt unter Mithilfe ausgewählter Menschen geprägt wurde und erst langsam immer weitere Forderungen an die Übereinstimmung von Vorstellung mit Realität durch **Beweisklarheit** erhoben wurden.[249] In der Altsteinzeit gab es nur Konturen des Weltbildes, aber noch heute ist der Prozess der wissenschaftlichen Aufklärung im Gange, denn es gibt eine Reihe von Individuen, die jenseits des **gesunden Menschenverstandes** durch spirituelle o.a. Einsicht zur Vervollkommnung und zur richtigen Anschauung unserer Welt besser zu gelangen glauben.[250] So kann die ideologische Ausweitung des Begriffes Menschenwürde sogar zu einem Parteiprogramm werden.[251] Dabei scheint die Wort-Propaganda und nicht die Sach-Wahrheit Basis zu sein.

Zwar wissen wir wenig über die Evolution des Nervensystems und des Gehirns bei Wirbeltieren[252], jedoch können wir annehmen, dass sich aus Frühformen durch deren ständige Benutzung und durch Mutation infolge des Fortpflanzungsaktes der heutige Zustand – so also auch beim *homo sapiens* – herausgebildet hat: die **Fähigkeiten der Individuen** sind demgemäß z.T. erheblich über die Gesamtheit **unterschiedlich verteilt**.[253] Rationale Denkstrukturen und -abläufe wie auch idealisierte Modelle erleichtern die menschliche **Entscheidungstechnik**, jedoch sind die anwendbaren Möglichkeiten individuell und vermutlich infolge an-

[246] https://www.verlagdrkovac.de/978-3-8300-6612-5.htm   Leonard Best, Erbe der Aufklärung, 2012
[247] https://www.zeit.de/1964/07/ist-der-bundestag-zu-teuer/seite-2 Theodor Eschenburg, 1964
[248] https://tinyurl.com/y9gt73ed Roland Sturm, Springer-Verlaag, 2013, S. 53
[249] https://de.wikipedia.org/wiki/Religion https://www.wissen.de/bildwb/religionen-und-mythen-frueher-zeit-die-erfindung-der-goetter
[250] https://mentalpower.ch/thema/meditation/ hier nur beispielhaft kritisch: http://tm-kritik.de/
       https://www.zeit.de/wissen/gesundheit/2018-03/meditation-achtsamkeit-hype-anti-stress-depression-
       psychologie/
[251] https://www.gruene.de/debatte/freiheit/der-mensch-als-zentrum-gruene-ideologie-zwischen-nachhaltigkeit-
       gerechtigkeit-und-freiheit.html
[252] https://www.aerzteblatt.de/nachrichten/93462/Neuer-Forschungsverbund-Evolutionaere-Optimierung-
       neuronaler-Systeme https://biermann-medizin.de/wie-haben-sich-die-netzwerke-biologischer-
       nervensysteme-entwickelt/
[253] https://tinyurl.com/yahqvw6f Gerhart Roth, Universität Bremen,_Gehirn_und_Begabung, 2007

geborener **Intelligenzunterschiede** auch begrenzt. Da für ein widerstandsarmes Miteinander in Gesellschaften Regeln notwendig sind, hält man die aus dem Gehirn resultierende **Vernunft** für eine diesbezüglich ordnende Kraft, z.b. als sittliches Prinzip, das in der Praxis als *vernünftiges Handeln* bezeichnet werden kann, unter dem alle beim Menschen ankommenden Informationen geordnet werden können, wo insbesondere die *politische Vernunft* in der Kritik steht.[254] Nur im Idealfall scheinen die davon abhängigen Begriffe über der Zeit stabil zu bleiben.

Der Mensch kann sich für „gut" oder „böse" als moralische Kategorien entscheiden, wenn auch mit Gefühlen unterschiedlich belastet.[255] Wenn wir die Geschichte als Lehrmeister ansehen, dürfte uns aus der **Entwicklung der Kultur**, wenn man sie im Sinne des unablässig nach **Moralität** bewusst strebenden Menschen betrachtet[256], klar werden, dass das wohl nicht immer der Fall ist, weil er seinesgleichen aus den verschiedensten Motiven - so auch aus der Religiosität[257] - heraus vernichtet, wobei vielfach nur Schätzungen der Zahl der Toten möglich sind. Offenbar sind **Kriege** die hauptsächlichen Verlustverursacher der Bevölkerung, so wird der Zweite Weltkrieg mit 60 Millionen beziffert[258], im 20. Jahrhundert soll es etwa 185 Millionen Kriegsopfer gegeben haben. Dabei steigert sich die **Vernichtungstechnik** immer weiter, so ist der atomar geführte Kampf sogar enorm risikoreich und wirkt über die Jahrhunderte nach.[259] Trotz der eindeutigen Haltung vieler Staaten für Abrüstung lässt die Glaubwürdigkeit der Realisierung zu wünschen übrig. Die deutsche Bundesregierung hält sich hier zurück, da auf ihrem Boden Atomwaffen gelagert sind.[260] Der deutsche Bürger kann hier nur hoffen, dass nicht weiter Positionen gehalten werden, die dem Geist gegen Kriege oder Kriegsvorbereitungen widersprechen.

Dass den Menschen gleicher körperlicher Art gleiche Grundrechte zustehen, ist eine späte Erkenntnis der Kulturentwicklung. Das Umweltinformationsgesetz ist der Anfang einer Entwicklung auf einen **Rechtsanspruch auf Informationszugang und -unterrichtung**, was zugleich eine Verpflichtung auf Wahrheit darstellt.[261] Damit wird dem Individuum ermöglicht, sich über Sachthemen selbst Gewissheit zur Denkarbeit zu verschaffen und damit **frei** von **Dogmen-Gläubigkeit** zu werden. Die Versuche, ein Dogma in die Machtstellung über das Denken der Menschen zu gewinnen, haben eine lange Geschichte und forderten in der Geschichte immer wieder zur **Aufklärung** heraus.[262] Ein auf Dogmen aufgebautes Weltbild sollte ggf. – auch mit geistiger Anstrengung – korrigiert werden.[263]

Zunächst wurde über Jahrtausende die geistige Tätigkeit von der einfachen **Arbeitsgestaltung** zur Herstellung von Werkzeugen beherrscht. In den letzten Jahrhunderten entwickelte sich jedoch eine Produktionstechnik von Waren und Gütern gewaltig, so dass **Systeme** geschaffen werden, in denen nicht nur die einzelnen Menschen, sondern ganze Gesellschaften eingespannt sind unter Einschluss geistiger Dienstleistungen und der Hinzunahme von Arbeitskräften aus anderen Ländern.[264] So entstehen Märkte zur Befriedigung der **Bedürfnisse**, die nicht einheitlich sind und sich wandeln. Durch Propagierung wird das Ziel der Vereinfa-

[254] https://blogs.fau.de/wedekind/politische-vernunft-gibt-es-die-noch/
[255] https://www.welt.de/gesundheit/psychologie/article127672231/Wie-Menschen-moralische-Entscheidungen-treffen.html Fanny Jimenez, 2014
[256] https://de.wikipedia.org/wiki/Kultur Kant, kategorischer Imperativ
[257] https://de.wikipedia.org/wiki/Kriminalgeschichte_des_Christentums
[258] https://de.wikipedia.org/wiki/Tote_des_Zweiten_Weltkrieges 28.5 % der eingezogenen deutschen Soldaten
[259] https://www.ippnw.de/startseite/artikel/de/atomwaffen-endlich-verbieten.html
[260] https://de.wikipedia.org/wiki/Atomwaffenverbotsvertrag
[261] https://de.wikipedia.org/wiki/Umweltinformationsgesetz https://www.grin.com/document/71661 2006
[262] http://studiengruppe.blogspot.com/2012/11/1931-ludendorffer-wider-die-grundung.html
[263] https://juergenfritz.com/2018/05/11/schlacht-des-jahrhunderts/ Jürgen Fritz, Kognitive Dissonanz
[264] H. Hofbauer, Kritik der Migration, Promedia, 2018 https://tinyurl.com/y725aklq

chung und Erleichterung manueller Arbeit von einst bzw. von Arbeit schlechthin umgeleitet zu den „eigentlichen" Bedürfnissen wie Lust, Spaß und Familienleben, aber nicht alle Individuen verhalten sich da gleich oder ähnlich, wollen **Erfolg** haben und suchen nach dem besten Weg für sich.[265] Das ist aber das Kreuz heutiger Markt-, Soziologie und Politikforschung, dass die Regierungen zwar das **Optimum** für die ihnen nachgeordnete Gesellschaft herausfinden sollen, sich aber im politischen Machtkampf verstricken. Was letztlich heißt, dass sie – weil die jeweilige **Parteipolitik** hier eine Rolle spielt – ihre realen Ziele sichtbar werden lassen müssten und eben beweisen, dass sie fähig sind, diese zu erreichen. *Die (naiven) Schubladisierungen von Links, Mitte oder Rechts zwingen Parteiangehörige, am Volk vorbei zu politisieren. Gefangen in einem Kreislauf von Parolen.*[266]

Optimieren heißt nicht, nur Mindestforderungen an Schadenverhütung, an die Vorhersage zukünftiger Ereignisse für die Gesellschaft zu erfüllen, sondern es sind die **bestmöglichen** Ergebnisse anzusteuern, sicher nicht für alle, sondern für die Mehrheit, unabhängig von der Parteipolitik. Und in einer durch Mehrheit bestimmte Regierungspolitik heißt das auch, die Ansichten und Meinungen des Volkes objektiv zu erforschen. Da ist eine machtpolitische ausspielbare Handlungspolitik wenig angebracht. Wozu auch gehört, **Schlagworte** wie solcher der alleinigen Richtigkeit der Entscheidung, einseitiger Bevorzugung einer Energieart, wo wissenschaftliche Bedenken bestehen, vom Vorrang von Wachstum[267] zu **überprüfen**. Was fehlt? Wo gibt es eine Ansprechstelle für Fragen der sozialen Gerechtigkeit?

7. Die Aufgabe von organisierten Parteien[268]

Eine Partei ist eine Gruppe von Bürgern, die sich zum **Ziel** setzen, über die Aufstellung von Kandidaten für die Parlamentswahl auf den politischen Willen des Staates Einfluss zu nehmen, die Parteien insgesamt als Vertretung des Volkes. Sie **muss** also ausreichend mit der Bürgerschaft kommunizieren und differierende Ansichten integrieren, also auch Kritik positiv verarbeiten, Eigeninteressen hintanstellen. Dabei **muss** die Partei durch ihre Struktur und Organisation die Ernsthaftigkeit und Zielgerichtetheit ihrer Absichten gewährleisten, d.h. an der Durch- und Umsetzung über die Fraktion aktiv mitwirken und zwar in rationeller Arbeitsweise. Das bedeutet, dass die Sachkunde und die Kompetenz der an Arbeitskreisen teilnehmenden exzellent sein **müssen,** notfalls sich externes Wissen einverleibend. Die Parteien sind außerdem gehalten, die im Diskussionsprozess befindlichen Sachverhalte **objektiv** der Bevölkerung mitzuteilen. Die Profilierungssucht einzelner Parteigenossen oder Parteien kann zu einer primären Hemmung eines wahren Fortschrittes anwachsen. Ebenso ist eine einseitige Proklamation z.B. der Ökologie, schädlich für eine Bündelung der Einzelinteressen im Volk. Und darüber hinaus **muss** die Basis solcher Proklamationen frei sein von wissenschaftlichen Unfertigkeiten und von Ideologien, deren langfristige Richtigkeit bezweifelt werden kann.[269]

[265] http://www.starkmann-coaching.de/2012/08/08/165-tipp-was-will-der-mensch-wirklich-in-seinem-leben-erreichen/
[266] https://www.migrosmagazin.ch/ist-parteipolitik-noch-volksnah Florian Riner, 2018
[267] https://www.marketing-boerse.de/Fachartikel/details/Optimieren-statt-wachsen---Sinneswandel-in-der-Gesellschaft-und-Wirtschaft/25979
[268] http://www.bpb.de/politik/grundfragen/parteien-in-deutschland/42035/rolle-und-funktionen
[269] https://www.grin.com/document/90545 https://www.salonkolumnisten.com/die-welt-braucht-ketzer/ https://deutsch.rt.com/programme/der-fehlende-part/77126-meinungsdiktatur-als-tod-aufklarung-filmemacher/ Der Bauer und sein Klima (Film von M. Poels)

Im Grundgesetz ist von einem **Mitwirken der Parteien** bei der politischen Willensbildung die Rede, nicht von einem dominierenden Agieren wie es ein Großteil des Volkes wahrnimmt und in den Medien ständig vorexerziert wird. Es heißt insbesondere: *Deutschland ist eine Parteiendemokratie. Viele sprechen auch von einem Parteienstaat, wobei dies oft mit Kritik an der zu großen Machtfülle der Parteien einhergeht.*[270] Die Parteien werden staatlich finanziert und legen sogar deren Höhe fest, weil die Bundestagsabgeordneten mehr parteilich handeln denn als Vertreter des Volkes, sie sind schon wegen der Auswahl der Kandidaten exponiert und haben zumeist wenig lebenden Kontakt zur armen Bevölkerung.[271] Im Finanzhaushalt des Bundes erscheint die Bereitstellung finanzieller Mittel für die Parteien 2019 33 % höher als im Vorjahr.

Eine Abbildungstreue zum Volk existiert nicht. Wesentlich ist, dass die Vorstellungen für eine Reform je nach sozialer Schicht andere sind, wobei nicht einmal speziell Superreiche gemeint sind. Die Präferenzen und Rangordnungen sind bei den Abgeordneten unterschiedlich, wobei auch die Kommunikationsfähigkeit mit von Belang ist. Zumeist ist die Folge Beständigkeit der General-Linie, denn das Parlament regelt, wie es sein soll und wie zu handeln ist. Die **regierende Partei** bildet sogar eine unter sich abgestimmte Handlungsmacht, sie koordiniert – wenn nötig - ihre Absichten in einer Koalition.[272] Für die spätere Vergabe von Stellungen in der Wirtschaft zählt offenbar das Parteibuch; wer oben ist, bleibt oben.[273]

8. Die Grenzen von Aufklärung und Informationsvermittlung

Dem Menschen ist von Urzeiten her die Gabe und ein Trieb eigen, den anderen auf Neues und Nachdenkenswertes aufmerksam zu machen, durch Mitteilung die Erfahrung bei anderen zu vergrößern. Wir wissen um die **Unterschiedlichkeit der Aufnahmefähigkeit** und von Kreativität bei den einzelnen Individuen, offenbar können diese durch Erziehung und Bildung nur bedingt verkleinert werden, allerdings mit größerem geistigem Zugewinn bei den aus prekären Verhältnissen stammenden Kindern. Eine **Information** muss also **richtig und voll** erfasst werden, damit eine für einen Anwender nützliche Information wesentlich zu einem Fortschritt beitragen kann, wobei man der Information zugleich die Eigenschaften wahr und sachbezogen unterstellt, denn jede davon abweichende Information verursacht unnötige Prüfungs-Arbeit.

Schon im Altertum erkühnten sich Erklärer für nicht allen verständliche Vorgänge, herausragend klug gegenüber der Allgemeinheit zu sein, anfänglich wohl vermutlich mehr mystischer als journalistischer Art[274]. Strenge Qualitätsanforderungen gab es für diese Tätigkeit in damaliger Zeit nicht, insbesondere nicht für den Begriff **Wahrheit**, dem heute im Zeitalter der Massenmedien und von demokratischen Verhaltensweisen eine überragende Bedeutung zu-

[270] http://www.bpb.de/politik/grundfragen/parteien-in-deutschland/42035/rolle-und-funktionen Absatz 1
[271] http://pubman.mpdl.mpg.de/pubman/item/escidoc:2465116/component/escidoc:2473405/ ZfP_27_2017_Els%C3%A4sser.pdf http://www.mpifg.de/pu/ueber_mpifg/mpifg_jb/JB1718/MPIfG_17-18_07_Elsaesser-Schaefer.pdf http://www.mpifg.de/forschung/forschung/pdf/wahl.pdf http://www.zedf.uni-osnabrueck.de/media/endbericht-systematisch-verzerrte-entscheidungen.pdf http://www.single-generation.de/wissenschaft/politikwissenschaften/armin_schaefer.htm
[272] https://www.heise.de/tp/features/Regierung-und-Opposition-betreiben-eine-Politik-ueber-die-Koepfe-der-Menschen-hinweg-3686527.html Viele Kommentare zu Hans Herbert von Armin, Reinhard Jellen 2017
[273] https://www.giessener-allgemeine.de/regional/kreiskgiessen/linden/Linden-Giessen-Linden-Autor-bemaengelt-Parteidominanz;art99,48196 Ein Bürger veröffentlicht seine Bedenken https://www.gsi.uni-muenchen.de/lehreinheiten/ls_vp/lehre/archiv/200809/vl_ps/vorlesungkaiser/06_vl_polsys.pdf
[274] https://de.wikipedia.org/wiki/Geschichte_des_Journalismus

kommt; die Informationsfreiheit darf nicht beschnitten oder vergewaltigt, ja zu definierten anderen Zwecken missbraucht werden, weil die bearbeitete Information zugleich ein **Beeinflussungsmittel in die individuelle Geisteswelt** sein kann.[275] Das haben einige Menschen als einen Vorteil für sich erkannt und nutzen deshalb dieses Einfallstor in die Meinungsbildung der Individuen, oft unter der vorgegebenen Thematik von Seriosität und Ehrlichkeit, oft nicht als unvertrauenswürdig identifiziert bzw. ausgemacht. Aber manch unethische **Einstellung der Journalisten** wirkt sich bei systematischer Anwendung als Gefahr für die objektive Meinungsbildung von Volkskreisen aus, weil sie deren **Manipulierbarkeit** induziert.[276] Nicht ohne Grund taucht dort deshalb der Ruf nach **direkter Demokratie** auf.[277]

Nun steht der moderne Mensch fast alltäglich einer Unzahl von Informationen gegenüber, von denen er nur einen Teil nutzt und verarbeitet, wobei sein Wissensspeicher individuell begrenzt ist, auch wenn er externe elektronische Speicher mit in seine gedanklichen Überlegungen einbezieht. Er scheidet nämlich unbewusst je nach Erfahrungswissen und individueller Leistungsfähigkeit eine Reihe von Daten einfach aus und verlässt sich beispielsweise auf seine **Intuition**.[278] Dabei wird die Güte des Intuitionsprozesses einerseits auf die jeweilige Veranlagung und andererseits auf die jeweils bislang gesammelte individuelle Beobachtungs- und Lernleistung, das Maß vorbewusster Informationsverarbeitungsprozesse zurückgeführt; wobei offensichtlich ist, dass es bei den einzelnen Menschen erhebliche Unterschiede gibt und die Sicherheit des Intuitionsergebnisses keineswegs immer befriedigen kann.[279] Manches Individuum ist im Verarbeiten von Informationen einfach überfordert oder mag sich nicht selbst bekritteln. Im Alltagsprozess kann man das spüren, in den sozialen Netzwerken und bei den Kommentar-Foren kann man das lesen: die Streuungen der Meinungen sind da zuweilen bedeutend, ähnliches gilt für die Umfragen, was allerdings von der Fragestellung und dem Antwortwillen abhängt. Dabei ist die sogenannte **Volksmeinung** nicht immer stabil und eine Meinungsänderung auch nicht immer voraussehbar[280], dass hier eine Kollektivintelligenz[281] vorläge, ist nicht nachgewiesen.

Von Natur aus ist der Mensch mit Sinnen ausgestattet, die in unserem Nervensystem, im Gehirn erfasst und deren Signale verarbeitet werden. Damit kann er sich in seiner Umwelt orientieren und auf Gefahrensituationen reagieren. Mit dem Fortschreiten der Entwicklung von Technologien und Hilfsmitteln hat sich seine Fähigkeit, sich unmittelbar über seine **Sinneseindrücke** auf seine Lebensgestaltung einzuwirken, verändert, die Flut der bei ihm ankommenden **Informationen** schmälert seine Fähigkeit, sich aufgabengemäß und sachgerecht zu orientieren.[282] Der zivilisierte Mensch neigt deshalb dazu, sich über den Sinneseindruck hinaus gewisser geistiger Stützen zu bedienen und da gerät er in das **Dilemma**, die wirklich ehrlichen und wahrheitsgemäß arbeitenden „Berater" bzw. Helfer aus der Fülle sich anbietender sogenannter „Experten u.dgl." herausfinden zu müssen, wobei er Kri-

[275] https://cafebabel.com/de/article/journalistenstimmen-ohne-stimmrecht-5ae0057ef723b35a145de9dc/
https://tinyurl.com/ybhrwkmq A. Rabich Das Individuum, seine Ohnmacht in der Parteiendemokratie 2018
[276] http://www.bpb.de/lernen/projekte/270428/verschwoerungstheorie-luegenpresse
https://www.cashkurs.com/hintergrundinfos/beitrag/migrationspakt-tagesschau-faktenfinder-suchen-nicht-einmal/ https://www.tichyseinblick.de/gastbeitrag/correctiv-von-eigennutz-und-gemeinnutz/
[277] https://de.wikipedia.org/wiki/Direkte_Demokratie
[278] http://www.spiegel.de/wissenschaft/mensch/intuition-die-weisheit-der-gefuehle-a-507122-2.html
https://www.wiwo.de/erfolg/trends/intuition-wann-wir-auf-unser-hauchgefuehl-hoeren-sollten/13540676.html https://de.wikipedia.org/wiki/Intuition
[279] https://www.888casino.com/blog/intuition-vs-fakten-sollten-sie-ihrem-bauchgefuehl-trauen
https://tinyurl.com/j2xjbuu Max Planck-Institut Kognition/Neurowissenschaft 2008
https://tinyurl.com/y9by6fu3 Michael Lipps Psychosozial Verlag 2010
[280] Richard Stöss, Stabilität im Umbruch. Springer Verlag. 2013, S. 14ff.
[281] https://de.wikipedia.org/wiki/Kollektive_Intelligenz
[282] https://www.helles-koepfchen.de/Orientierungssinn.html Marlen Schott, 2010 .

terien zu Hilfe nehmen kann wie **Vertrauenswürdigkeit**, Kompetenz und Objektivität. Im gewöhnlichen Alltag erscheinen viele als nützliche Informanden, wie z.b. solche über öffentliche Kommunikationsmittel, ja dort zuweilen in der Kombination mit dem Anschein des objektiven Anpreisens, was nicht selten eine gründliche Prüfung auf Berechtigung und Tatsächlichkeit herausfordert.[283] Die meisten Menschen befinden sich hier in einer Klemme, sie können solches Prüfen nicht oder nicht hinreichend leisten, weshalb sie einfach in die Phase des **Glaubens** flüchten. Und da stehen uns allerorten – auch heute noch - **Propheten** gegenüber, was die Frage aufwirft: wie und woran soll er ihren wahren Aussagen-Wert erkennen?[284] Oder verkündet der Prophet nur eine Botschaft oder richtet er nur einen Appell an die Menschen?

Vorhersagen, Weissagungen von menschlichen Propheten sind keine Produkte, die den Anspruch erheben können, frei von Mängeln zu sein, trotzdem haben solcher Art Deutungen in der menschlichen Gesellschaft eine Rolle gespielt und tun das auch heute noch, z.b. bei der Betrachtung möglicher Belastungsgrenze der Erde mit Menschen. So hat nach dem Stand heutiger wissenschaftlichen Erkenntnis die Gattung *homo* nur in geringer **Bevölkerung**szahl als *homo sapiens*, also als mit einem Gehirn ausgestattetes Wesen die Folgen des Vulkan-Ausbruchs Toba vor 75 Tsd. Jahren überlebt, die Weltbevölkerung erreichte vermutlich zum Ende der Kalteiszeit vor 10 Tsd. Jahren nur eine Größenordnung von etwa 10 Millionen, von da an wuchs – wenn auch unstetig – die Zahl der Menschen weiter an, sogar nach einer (wissenschaftlichen) **Prognose** bis zum 22. Jahrhundert so weit, dass für jeden Bewohner der Erde nur noch ein Stehplatz übrig wäre, weshalb hier wohl eingeschritten werden müsste.[285]

Da die vermeintlichen und die realen **Gefahren** die Menschen in **Angst** versetzen können[286], wird diese von einzelnen Menschen oder deren Gruppierungen für ihre eigenen Machtinteressen verwendet, weil es eben schwierig ist, die (prophetische) „Expertenmeinung" zur Beurteilung eindeutig zu durchleuchten, was in der modernen Welt doch eigentlich möglich sein sollte, aber oft durch in der Zukunft liegende Ereignisse und die Bewertung menschlich sinnvollen Einflusses auf die Gefahrenabwehr einer speziellen und nüchternen Hinterfragung bedarf.[287] Diese wird jedoch besonders dann vermieden, wenn die Einsichtigkeit zu überwiegen scheint: wenn wir längere Zeit heiße Wettertemperaturen haben, liegt es nahe, dass – wenn es so weiter gehen würde – man es einfach in die Zukunft projiziert und dann kann man sich den besonderen Denkprozess des Prüfens auf Wahrheit ersparen.[288] **Mühsames Prüfen** ist nicht jedermanns Sache. Manch einer beharrt auf seiner Ansicht, auch wenn ihm das Fehlurteil schon mehrfach nachgewiesen wurde. Mit dem zunehmenden Alter geht die Lernfähigkeit ohnehin zurück.[289] Viele ignorieren Neues, nur schwer verständliches einfach, einige fühlen sich plötzlich verunsichert, vermeiden ein Umdenken und bleiben beim Alten.

[283] Vgl. hierzu: http://www.pth-augustin.eu/media/pth/docs/Richtlinien-Sicherung-gute-wissenschaftliche-Praxis.pdf 2015 https://www.tagesspiegel.de/politik/rechte-und-linke-in-deutschland-an-ihren-ausreden-sollt-ihr-sie-erkennen/21101358.html

[284] https://tapferimnirgendwo.com/2012/10/30/die-neuen-propheten/
http://www.bpb.de/politik/grundfragen/parteien-in-deutschland/42045/begriff-und-typologien
https://www.glaubeweiter.de/blog/2015/08/25/gibt-es-heute-noch-echte-propheten-m-11-j/

[285] https://wikipedia.org/wiki/Weltbevölkerung https://www.zeitenschrift.com/artikel/ueberbevoelkerung-eine- milliarde-ist-genug

[286] https://wikipedia.org/wiki/Weltuntergang

[287] Beispiele: Einsatz von Atomwaffen: abhängig von politischer Vernunft, Klimawandel: abhängig von der Schlüssigkeit und Beweisbarkeit der zugrunde liegenden Thesen

[288] https://www.tagesschau.de/ausland/klimastudie-101.html Viele Kommentare
https://www.pik-potsdam.de/aktuelles/pressemitteilungen/auf-dem-weg-in-die-heisszeit-planet-koennte-kritische-schwelle-ueberschreiten

[289] https://www.psychologie.uni-heidelberg.de/ae/entw/LernenfindetanGrenzenstatt.pdf

Da jedes menschliche **Individuum** nicht allein in unserer Welt existieren kann, ist es Teil eines **sozialen System** und von daher ist es gezwungen, mit seinesgleichen zu leben und auch dessen kulturelle Grundüberzeugungen zu übernehmen und diese einzuhalten.[290] Aus der Praxis ist bekannt, dass sich schon sehr bald in der Evolution gesellschaftliche Einheiten, kleine Systeme bildeten, die dann zumeist hierarchisch strukturiert sind. d.h. bei Unternehmen an der Spitze mit Führungspersönlichkeiten besetzt sind. Diese können nach ihrer Effizienz bewertet werden: ein Unternehmen geht unter, wenn sein Unternehmensziel nicht mehr allgemein von jedermann anerkannt wird. Dabei nehmen die **Unsicherheiten** in fundamentalen Bereichen des Denkens und Verhaltens von Menschen zueinander zu. Unter **Globalisierung** und seinen Einflüssen auf das eigene Leben versteht fast jedermann etwas anderes, das weltumspannende Denken stößt an die Grenzen der Kognitionsfähigkeiten. Tugenden und Redlichkeit verlieren ihre dominierende Richtigkeit, damit schwindet das Vertrauen in **Werte**. Oft sind neue Begriffe schwammig definiert und politisch beschlagnahmt. Sie bilden ein **diffuses Verständnisgebilde**. In den Interaktionen, in den kommunikativen Netzen macht sich Rechthaberei breit; das Überspringen von natürlicher langsamer Entwicklungsstufung mindert das Gefühl, noch eine sichere einheitliche Menschlichkeit vor sich zu haben. Wieweit die Deformation unseres gesellschaftlichen Daseins sich auswirken kann, ist nicht vorauszusehen.

In jedem Menschen hat sich ein Grundgerüst von Begriffen und Weltbildern festgesetzt, in das er neue Gedanken einbaut oder bisheriges korrigiert. In der Politik wird manchmal versucht, im Interesse einer zukünftig erwünschten Vorstellung beim Menschen ein bestehendes **Geschichtsbild** z.B. der Schuld am ersten Weltkrieg zu revidieren. Lange Zeit nach dem Ende des 1. Weltkrieges war darum gerungen worden, ob Deutschland die Alleinschuld daran zu tragen hat, was nach sorgfältigen Studien in den letzten Jahrzehnten nicht zutrifft.[291] Die Historiker ziehen oft Vergleiche und fordern, die Machenschaften der Politik kritisch zu hinterfragen, was in Zeiten von Spannungen auf dem Erdball dringend vonnöten ist und beherzigt werden sollte.[292] Die europäische Kommission folgt zwar dem Europa-Gedanken, aber es ist ein Konglomerat und nicht fähig, eine europäische Armee zu führen – und gegen wen? Es ist eine ernste Frage oder gar ein Problem, in welchem Sinne **Frieden** erhaltende Maßnahmen gefördert werden sollten; die Politiker müssen Antwort geben.[293] Das trifft auch auf eine internationale Migrationspolitik zu, die von den Ländern unterschiedlich beurteilt wird.[294]

---

[290]   www.a-m-t.de/fileadmin/download/Per03.pdf
[291]   https://www.geo.de/magazine/geo-epoche-kollektion/18399-rtkl-sir-christopher-clark-es-haette-nicht-
        unbedingt-zu-einem
[292]   https://www.freiewelt.net/blog/wieder-so-weit-germans-to-the-front-10073527/
[293]   https://www.tatsachen-ueber-deutschland.de/de/rubriken/aussenpolitik/engagiert-fuer-frieden-und-sicherheit
        https://www.vice.com/de/article/gqndyy/deutschland-hat-also-keinen-friedensvertrag-brd-gmbh-
        reichsbuerger-110   https://de.wikipedia.org/wiki/Vice_(Magazin)
[294]   https://tinyurl.com/y77ct92p

9. Schlussfolgerndes Nachdenken

<u>Die Meinungen und die Ermittlung</u>

Jedes Individuum verarbeitet seine Wahrnehmungen von einem Gegenstand oder einem Sachverhalt in Verbindung mit seinem Stand der Erkenntnisse zu einer Meinung darüber, bei Personen ergeben sich so **voneinander unterschiedliche (subjektive) Meinungen**, die durch Emotionen gefärbt werden können.[295] Wesentlich sind **Beeinflussungen** von außen z.B. durch Publikumsorgane (Presse, Fernsehsendungen), weil sie oft mit zweckgerichteten Nachrichten und Mitteilungen einen bestimmten Eindruck auf die Person machen wollen[296] und dies auch bei einigen erreichen, wenn diese nicht über genügend Fähigkeit zum Erkennen von unwahren Darstellungen verfügen[297] oder die falschen Elemente nicht herausfiltern können usw. Es gibt jedoch auch Ministerien, die gezielt Informationen verbreiten, die einer kritischen Prüfung offensichtlich nicht standhalten können, weil sie zu sehr zweckgerichtet sind.[298]

Die in einer Menschenmenge unterschiedlich entstandenen Meinungen und ihre Verteilung machen es sehr schwierig, mit Hilfe von Stichproben eine durchschnittliche Meinung der betroffenen Personen oder des Volkes bestimmen zu können, wobei noch erschwerend hinzu kommt, dass die Qualität der Meinung ungleich ist, manche Meinung ist diffus, manche nicht stabil usw. Die entsprechenden Forschungs-Institute weichen auf **Meinungsumfragen** aus, die jedoch sinnvoll nur Fragen auf dezidierte Themen stellen können und die Interviewer z.T. Hilfen für die Beantwortung benutzen. Die **Stichprobe** beschränkt sich meist auf einige Tausend Personen, die repräsentativ ausgesucht werden, d.h. sie stimmen statistisch mit den ausgesuchten Parametern der Bevölkerung weitgehend überein.[299] Natürlich ändert sich mit der Zahl der Befragten die Fehlerspanne und das Konfidenzniveau, aber meist will man nur eine **Grobtendenz** in Erfahrung bringen, wobei man den Aussagewert durch direkte Interviews erhöht; online-Umfragen rangieren methodisch im Vertrauen niedriger. Die kommerziellen Meinungsumfragen müssen von erfahrenen Auswertern in der Qualität eingeschätzt werden, trotzdem bleibt die Frage, ob durch solche Umfragen ein **wirklich nützlicher Hinweis** für das Parlament oder den (regionalen) Abgeordneten erzielt wird, weil eine Meinung erfragt wird und der kritische Tatbestand nicht. Als Beispiel eine Schlussfolgerung: Nur eine Minderheit sorgt für den Pflegefall vor. Aber warum ist das so? Das ist eine tiefergehende unangenehme Frage, denn in seine persönliche Situation will sich nicht jeder gern hineinschauen lassen.

<u>Der vom Volk gewählte Abgeordnete</u>

Der politische Zustand im eigenen Land ist ein Sachverhalt, über den sich jeder Bürger eine Meinung bilden kann. Um diese dem gewählten Volksvertreter nahe zu bringen, müsste er

---

[295] https://www.seo-analyse.com/seo-lexikon/m/meinung/
[296] https://www.grin.com/document/322798 Rabich, A- Meinungsbildung als Vermengen von Wissen und Vermutungen. - Oder wie man Nichtwissen verschleiert.2016
[297] https://de.wikipedia.org/wiki/Informationelle_Selbstbestimmung
[298] https://www.salonkolumnisten.com/faktencheck-bmu/ BMU 2018 A.V. Wendland, Historikerin Gegenmeinung: Irma Kreiten https://energiewende-rocken.org/die-unertraegliche-zufaelligkeit-der-kernkraftbefuerwortung/ http://de.wikimannia.org/Irma_Kreiten
[299] Zum demographischen Wandel https://www.bertelsmann-stiftung.de/es/publikationen/publikation/did/demographischer-wandel-wahrnehmungen-und-einschaetzungen-der-bevoelkerung/ https://www.bertelsmann-stiftung.de/fileadmin/files/user_upload/Studie_IFT_Repraesentativbefragung_2018.pdf

Kontakt aufnehmen oder darauf vertrauen, dass ein solcher zustande kommt. Der Abgeordnete des Bundestages ist dazu jedoch nicht verpflichtet, weil er Vertreter des ganzen Volkes ist und damit beispielsweise nicht einer seines Wahlkreises, wenn man davon absieht, dass er bei dem dortigen Wahlvorschlag nicht der einzige war und es bei der Wahl auch Nichtwähler oder Neinstimmen gab. Aus diesem Grunde müssen Anliegen aus dem Volk auf andere Weise zur Volksvertretung gelangen, z.b. über online-*Kanäle, die in hohem Maße politische Stimmungsbarometer und Motoren für Stimmungsmache sind, und sie werden von der Politik auch so eingesetzt. Man analysiert nicht lang und tief, sondern positioniert sich, stark emotional getönt.*[300]- Meist geht die Richtung jedoch zur aktuellen Veröffentlichung und Verbreitung der Ansicht des Abgeordneten, wozu auch Interviews zur Presse oder im Fernsehen dienen. Dem Bürger bleibt also nur die Wahl der direkten Ansprache an seinen politischen Ansprechpartner, der durchaus nicht von der gleichen Partei sein kann oder er benutzt z.b. den Kanal zum Petitionsausschuss bzw. beteiligt sich an einem solchen Vorhaben. Da scheint eine Lücke im Verfahren Volk-Volksvertreter zu bestehen.[301]

Abgeordnete haben ein schlechtes **Image**, weshalb sie *sich darum bemühen müssen,, ihre Aufgaben so sorgfältig wie eben möglich zu erledigen.*[302] Das Ansehen sank *und dies in einem Maß, das man als problematisch in einer repräsentativen Demokratie betrachten muss, die nur dann funktionieren kann, wenn die Bürger den von ihnen selbst in die Parlamente gewählten Vertretern ein Mindestmaß an* **Vertrauen** *entgegenbringen.*[303] Beispielsweise litt die Ansicht, dass die Abgeordneten die Interessen der Bevölkerung vertreten, aber unterschiedlich - je nachdem, wie sie auf dem Fernsehschirm erscheinen. In einem Internet-Portal kann man unmittelbar Fragen an den Abgeordneten richten, aber erhält meist Antworten in der Politikersprache.[304] Viel erfährt der Bürger nicht über das, was der Abgeordneten **effektiv** macht, denn seine Arbeit ist hauptsächlich das Reden. Was weiß er wirklich von dem Erfolg des Abgeordneten im Prozess der Regierung? Manches läuft ohnehin außerhalb der „unmündigen Laien" ab, die von vielen Sachthemen kaum Ahnung haben.[305] Hier fehlt einfach die **Beurteilungs-Transparenz.**

Alle Menschen, Bürger wie Abgeordnete haben eine Vergangenheit hinter sich, die **unbewusst** in ihre Beobachtung und Überlegungen mit einfließt[306], seien es nun solche aus eigenem Erleben mit Gefühlen oder der Gewöhnung oder dem Bereich der Erziehung und Bildung. Dadurch kann ihre Widerstandsfähigkeit gegenüber Fremdbestimmung leiden, dann ist man einmal unwillkürlich misstrauisch, andererseits **autoritätsgläubig**, wenn man denn nur vorgibt, „Experte" zu sein oder als solcher z.B. in einer Talkshow vorgestellt wird. Erscheint ein Sachverhalt einfach und einleuchtend, dann neigt man zur Zustimmung, wird eine Bedrohung plastisch vorgebracht, wird man ängstlich, ist einer von vornherein oder aus der politischen Meinungsströmung Feind oder Gegner, so muss dieser sich besonders anstrengen, angehört zu werden.[307] Visionen sind fruchtbar, wenn sie realisierbar scheinen. Allerdings ist eine

300 https://www.bundestag.de/dokumente/textarchiv/2015/kw40_interview_vowe_dohle/389506
     https://www.jstor.org/stable/24243459?seq=1#page_scan_tab_contents
301 https://www.bundestag.de/service/kontakt
     https://de.wikipedia.org/wiki/Liste_der_Mitglieder_des_Deutschen_Bundestages_(19._Wahlperiode)
302 https://www.volksfreund.de/nachrichten/themen-des-tages/ueber-teure-fueller-und-mieses-abgeordneten-
     image-norbert-lammert-im-volksfreund-interview_aid-5285012   2016
303 https://www.ifd-allensbach.de/uploads/tx_reportsndocs/FAZ_Ma__rz_2014_Politikverdrossenheit.pdf
304 https://freidenker.cc/mehr-transparenz-durch-abgeordnetenwatch/6531
305 https://www.contergan-infoportal.de/fileadmin/downloads/NEU-
     DOWNLOADS/Aktuelles/Forschungbericht_Contergan_Langfassung_2016_05_02.pdf S. 644ff.
306 https://www.bod.de/buchshop/das-manipulierte-gehirn-eskil-burck-9783746065922
307 https://www.spektrum.de/magazin/die-kunst-menschen-zu-beeinflussen/827874

Vorbeeinflussung nicht bei jedem Menschen gleich ausgeprägt, sie ergänzt die Verschiedenheit aus der Veranlagung.

Der Bürger ist im Allgemeinen stark den Fernseh-Nachrichten ausgesetzt und übernimmt deren inhaltliche Texttendenz in seine Meinungswelt.[308] Der Abgeordnete wagt bei anderer Ansicht gar keinen Konflikt mit der ihm nahestehenden oder ihn bestimmenden Partei, ein Wechsel der Partei wird ihm übelgenommen, was gegenüber der Parteitreue verständlich ist, weshalb nur wenige den Mut dazu haben.[309] Abweichler von der Parteilinie ist ein Verbrechen an der langjährigen Kernmannschaft einer Partei, zu der auch Manager gehören können. Darüber hinaus gibt es in der Wirtschaft auch parteinahe Führungskräfte, auf die man sich abstützt. Im abträglichen Sinne werden Streitigkeiten unter einstigen Parteifreunden gewer-tet.[310] Dagegen kann so mancher von der Parteinähe profitieren, zum Nachteil der Allgemein-heit.[311] Ein klares Bilder über die Reinheit der Anschauungen innerhalb der Parteien, der Ver-flechtung mit Stellungen in der Wirtschaft und im Beamtentum ist nicht zu erkennen, vielfach auch nicht im öffentlichen Leben, weil nicht jeder Redner sich offen zu seiner Parteinähe bekennt. Jeder, der einen eigenständigen Standpunkt vertritt, um die Welt zu verändern, ist **parteilich**, wobei es besser zu sein scheint, er lehnt sich an eine Partei an, auch wenn diese manchmal ihren Standpunkt neuen Gegebenheiten anpasst.[312]

Eine durchgehende Stabilität des Programms einer Partei gibt es nicht, allerdings ist es möglich, trotzdem ein grundlegendes Motiv für eine Partei festzustellen, **nach der Parole** einer **Partei** ist es **beispielsweise** die Menschenwürde, nach der Tatsächlichkeit haben d*ie Möchtegern-Moralmonopolisten der Grünen mit Moral wenig am Hut. Die Euro -und die Europa-Politik der Grünen ist in Wahrheit eine First-step-Politik Deutschland in Europa untergehen zu lassen und dann Europa mit dem Westen gleichsam zu versenken.*[313] Wie soll sich da der Laie, der Jugendliche zurechtfinden? Genügt ihm nicht vielleicht schon eine Partei, die seinem Wunsch nach Veränderung in der politischen Landschaft durch Protest entspricht? Oder ist es einfach eine nach der Devise naheliegender Sympathie, denn nach Gefühl vermag man ohne-hin nicht sauber zu „prüfen".

Durch den Wahlakt wird dem Gewählten ein **Mandat**, ein Auftrag, eine Ermächtigung erteilt, wobei für den einzelnen Wähler offenbleibt, in welcher Weise der Mandatsträger diesen nut-zen wird. Faktisch ist ein späterer Einfluss nicht vorgesehen, z.B. kann er auch nicht kündi-gen. Der Abgeordnete kann für oder gegen Machtkonzentrationen usw. agieren, Verantwortung trägt kollektiv mit, wobei die Minderheit nur geringe Rechte und Einfluss hat.[314] Eine Konfrontation, mag sie noch so begründet sein, ist gegenüber der Regierungspolitik fast nutzlos, zumal so mancher Vorschlag von **externen Beratern** schon viel früher in die Regierungs-arbeit eingeflossen. So ließ sich die Bundesregierung 2017 den externen Sachverstand 146 Mrd. € kosten, das Innenministerium allein 250 Aufträge mit 66 Mill.€.[315] Dabei beschäftigte

---

[308] https://publikumskonferenz.de/blog/ *Friedhelm Klinkhammer und Volker Bräutigam*
[309] http://www.spiegel.de/spiegel/print/d-45439996.html
[310] https://www.wp.de/staedte/hagen/gegenseitig-vorwuerfe-der-einstigen-spd-parteifreunde-id214980907.html
[311] https://www.schwarzbuch.de/aufgedeckt/fall-details/beraterauftraege-trickreich-und-haeufig-an-parteifreunde-vergeben/
[312] http://www.wolfgangfritzhaug.inkrit.de/documents/Parteilichkeit-und-Objektivitaet.pdf
[313] https://www.wiwo.de/politik/deutschland/bettina-roehl-direkt-die-gruene-hass/8899878-5.html
[314] https://www.bpb.de/dialog/wahlblog/173277/die-kontrollrechte-der-opposition
[315] http://www.spiegel.de/wirtschaft/soziales/bundesregierung-zahlte-2017-rund-146-millionen-euro-fuer-externe-berater-a-1217561.html https://www.bundesrechnungshof.de/de/themen/externe-berater

der Bund 2016 38 % der 5,9 Millionen als Arbeitgeber (zentrale Verwaltung ca. 35 Tsd.)[316] Die Anzahl der Mitarbeiter nach Leitungsfunktion usw. ist nicht bekannt.[317]

Das Regieren

Der Bürger erwartet eigentlich im Grunde, dass die Verwaltung, die Administration des Regierens über ausreichend und kompetente Mitarbeiter verfügt und sich vor der Gefahr hütet, externen Sachverstand mit einem Fremdwillen in seine Vorhaben einzubauen, auch wenn die Vielzahl von Institutionen mit unterschiedlichen Aufgaben, Zielen und Strategien weit verteilt ist, muss die Zielsetzung einheitlich und vor allem die Verantwortung für saubere und rationelle Arbeitsweise erkennbar sein.; sie sollte optimiert sein.[318] Im **Bundeskanzleramt** sind Hierarchie und Koordination die Eigenschaften, die in der zentralen Koordinierungsstelle (der Regierung) mit ca. 600 Mitarbeitern vereint sein sollen.[319] Der ChefBK ist eine wichtige Verbindungsstelle zwischen Regierung und Parlament, *Wird auf der Expertenebene innerhalb einer Koalitionsregierung für ein grundsätzliches Problem keine Lösung gefunden, gibt es unter dem Vorsitz der Bundeskanzlerin Gespräche, an denen Partei- und Fraktionsspitzen, der ChefBK und - bei Bedarf - einzelne Ressortchefs beteiligt werden.[320] In ihrem Koalitionsvertrag hat sich die Bundesregierung dazu verpflichtet, die durch Bundesrecht hervorgerufenen **Bürokratiekosten** mit Hilfe des sog. Standardkosten-Modells (SKM) zu messen und zu reduzieren sowie ein unabhängiges Gremium, den Nationalen Normenkontrollrat (NKR), zur Begleitung des Prozesses einzusetzen.[321]* Man misst hier jedoch nur die zur Erfüllung einer auferlegten Informationspflicht standardisierten Bürokosten und beispielsweise nicht, ob diese überhaupt oder rationell notwendig sind. Es gibt anscheinend keinen unabhängigen und resoluten Sparkommissar der Verwaltung, dem die unangenehme Aufgabe zufallen würde, Personal auf die Füße zu treten.[322]

Allerdings gibt es im AWV[323] einen Arbeitskreis „Bürokratieentlastung öffentliche Verwaltung", der sich mit überflüssigen Informationspflichten beschäftigt. Nun ist die Erwartung der Bürger eine andere als die der „Fachleute", aber nach Ansicht des Ressorts Bürokratieabbau im Bundeskanzleramt wurden durch die Ministerien in der Regel die Mehrkosten neuer Gesetze durch Kompensation im eigenen Bereich minimiert, was nicht besagt, ob eine Notwendigkeit an sich besteht und bestand.[324] *Die zu erstellenden Evaluierungsberichte enthalten oft Handlungsempfehlungen, die eine wichtige Grundlage für neue Regelungsvorhaben darstellen,* aber keine Überprüfung auf Richtigkeit der Maßnahme. *2017 wurden die ersten Evaluierungsberichte fertiggestellt, zu den evaluierten Rechtsvorschriften zählt u. a. das erste **Pflegestärkungsgesetz.*** Mit dem PSG II wurde ein neues System hochkomplexes Begutachtungs-

---

[316] https://www.bundesregierung.de/breg-de/service/jetzt-durchstaaten-de/zahlen-daten-fakten-317042
[317] https://www.bmu.de/fileadmin/Daten_BMU/Download_PDF/Gesetze/berlin-bonn_statusbericht_bf.pdf S.65
[318] https://tinyurl.com/y9b8f6nj Edgar Grande, Regieren in verflochtenen Verhandlungssystemen, Kap. 11 in Gesellschaftliche Selbstregelung und politische Steuerung, 1995 R. Mauritz – Fr.W.Scharpf. Campus
[319] 7 Abteilungen im Organisationsplan https://de.wikipedia.org/wiki/Bundeskanzleramt_(Deutschland) https://www.bundesregierung.de/resource/blob/975196/773044/e74d176984fcbf3ec9ac498a13f49bfe/druckversion-organigramm-bkamt-data.pdf?download=1
[320] https://www.bundesregierung.de/breg-de/themen/chef-des-bundeskanzleramts-422324
[321] https://www.vum.nomos.de/fileadmin/vum/doc/VM_07_06.pdf S. 283 https://tinyurl.com/qd3r5bg
[322] https://www.soldan.de/media/pdf/d9/80/cc/9783791033174_inh.pdf
[323] Arbeitsgem. Wirtschaftl. Verwaltung https://www.awv-net.de/upload/AWV-aetigkeitsbericht_2017.pdf
[324] https://tinyurl.com/y7t4fzwz Bericht 2017, Bürokratiebremse wirkt Mai 2018

system[325], der Pflegebedürftigkeit mit Betonung der eigenständigen Gestaltung des Lebens ein-geführt, das für den gewöhnlichen Bürger nicht mehr durchsichtig ist und einen Widerspruch erschweret. Z.B. fehlt beim NBA die Haushaltsführung gänzlich, obwohl sie gerade im häuslichen Bereich, in dem zu Pflegende möglichst bleiben sollen, von Bedeutung sein kann. Dafür wurden 2017 2300 Gutachter ärztlicher und 3 270 mit pflegefachlicher Qualifikation eingesetzt, denen eine formale Erfüllungshilfe beigegeben ist.[326] Die grundsätzliche Forderung: *zu Beginn eines Gesetzgebungsprozesses sollte immer ein Eckpunktepapier stehen, das eine breite öffentliche Diskussion über Ziele, Handlungsalternativen und einen einfachen Vollzug möglich macht.* war wegen des unzureichenden Systemverständnisses faktisch nicht möglich. *Da stehen wir noch ganz am Anfang*[327]. Die voraussichtlichen Mehrkosten wurden durch Erhöhen von Beitragssätzen zur Pflegeversicherung ausgeglichen, jedoch dient die Neufestsetzung in erster Linie der Versicherung, In Heimen kommt die Gutachtenverbesserung infolge der Gruppenpflege etc. sie bei der begutachteten Person nicht mehr an.

Die Möglichkeiten des Bürgers, die gesamte Arbeitsorganisation (der Bundesregierung) mit einem riesigen **Verwaltungsapparat** zu durchschauen und zu bewerten, z.B. nach Rationalisierungsreserven, nach möglicher Intensitätssteigerung des Personals usw. sind sehr begrenzt[328], obwohl die ungeheure Zahl an Arbeitsstellen, an Arbeitspersonal usw. ins Auge stechen. Dabei schafft der ständig wachsende Anteil an Bürokratie durch neue Gesetze, Vorschriften usw., die wiederum im Netzwerk der Gesetze Änderungen hervorrufen usw., eine enorme **Kostenbelastung** und **Verlangsamung des Arbeitsprozesses**. Bisher gibt es offenbar nur Ansätze, wie eine Verbesserung und insbesondere eine Beschleunigung herbeigeführt werden kann[329], weil dazu eine umfangreiche **Arbeitsanalyse**[330] durchgeführt werden müsste. Dies gilt auch für die Europäische Kommission, wo EU-Beamte (im öffentlichen Dienst) verschiedene Aufgaben wahrnehmen.[331] Sie greift in die nationalen Gestaltungen ein. So besteht die *Kommission auf sogenannten »makroökonomischen Konditionalitäten«: Strukturfonds- und Kohäsionsmitte sollen gekürzt werden können, wenn die Mitgliedstaaten die haushaltspolitischen und makroökonomischen EU-Vorgaben nicht einhalten. Sie will das Prinzip in der nächsten Förderperiode bei der Verwaltung der Struktur- und Investitionsfonds verankern und es steht zu befürchten, dass sie von diesem **Sanktionsinstrument** zukünftig Gebrauch machen wird, wenn die Mitgliedstaaten sich weiterhin der neoliberalen Reformpolitik der EU widersetzen.*[332]

Bei der Griechenland-Krise hieß es, dass man *mit den Finanzministern der Eurozone zu vernünftigen Lösungen nur kommen könne, wenn sich alle Beteiligten – trotz widerstreitender Interessen und Ansichten – wie „unter Erwachsenen" verhalten.* Der griechische Finanz-

---

[325] https://www.deutscher-verein.de/de/uploads/vam/2017/f-4448-17/rothgang_2017_dv.pdf
[326] Keine summarische Hochrechnung https://www.mdk.de/fileadmin/MDK-zentraler-Ordner/Downloads/00_MDK_allgemein/2017_ZDF_Kurversion.pdf
[327] https://tinyurl.com/y7ucnx8b
[328] http://library.fes.de/gmh/main/pdf-files/gmh/1975/1975-02-a-097.pdf S. 103
       http://www.der-weltgeist.de/wirtschaftspolitik/k_massnahmen/m7_buerokratieabbau.html

[329] https://tinyurl.com/ycczz2bz Klaus Grimmer, Kassel, 1980
       http://dipbt.bundestag.de/doc/btd/07/024/0702489.pdf BT Anfrage DS 7/2489 1974
       https://www.bundestag.de/presse/hib/-/565972 Bürokratieabbau-Gesetz 2018 (Wirtschaft)
       https://tinyurl.com/yc68um58
[330] https://tinyurl.com/ya47c2ae Arne Schlechter, Verwaltung zwischen Reformdruck u., 2009, S.190ff.
[331] https://europa.eu/european-union/about-eu/figures/administration_de https://de.wikipedia.org/wiki/EU-Beamter
[332] https://www.blickpunkt-wiso.de/post/eu-haushalt-es-drohen-fatale-weichenstellungen--2258.html

minister Varoufakis versucht *mit seinem Bericht zu zeigen, dass genau diese Grundvoraussetzung erwachsenen Verhaltens – also rationalen Diskutierens, gegenseitigen Verstehens und vernünftigen Abwägens der Interessen aller Beteiligten –, dass all dies bei der „Bewältigung" der griechischen Krise durch die Troika nicht gegeben war.*[333] Das ist aber das Schicksal von Kommissionen, dass eben nicht alles ans Licht kommt, insbesondere dann nicht, wenn eine Rettung nach außen – mindestens in der Presse - gelingen muss. *Die Sonderkredite an Griechenland dienten der Rettung der französischen und deutschen Banken, die vor 2009 leichtfertig Riesenvolumen an griechischen Staatspapieren eingekauft hatten.*

Der Bürger hat über die gewählten Mandatsträger auf das Europäische Parlament (mit 751 Abgeordneten) nur einen gewissen (kleinen) Einfluss, wenn Gesetze verabschiedet oder eine Haushaltskontrolle ausgeübt wird.[334] Aber wegen der 28 Staaten der EU und der 500 Millionen Einwohner ist das Prozedere umständlich, es müssen Kompromisse geschlossen und jeweils Mehrheiten gebildet werden; die Gesamtheit von Verwaltung und Parlament ist eben ein künstlicher Koloss mit unbestimmter Effektivität.[335]

Der Bürger steht zudem vor einer wachsenden Flut von Nachrichten und Informationen unbestimmter Qualität und Vertrauenswürdigkeit. Eine offizielle Hilfe für ein Aussortieren unwürdigen Materials bekommt er nicht, auch wenn er ein Bedürfnis dafür hat, weil er wohlabgewogen den Abgeordneten wählen will, auf den er sich verlassen kann. Die Moral von Qualität und Verlässlichkeit sind aber die Hauptstützen der Gesellschaft. Sind die uns jetzt verloren gegangen? In den Nachrichtensendungen wird immer so getan, als ob der zur Einschätzung herangezogene Journalist vertrauenswürdig ist, mag sein, jedenfalls von der Nachrichtenredaktion.

Die Beeinflussung in und durch die Politik

Die Neigung, möglichst ohne Besorgnisse und unkritisch durchs Leben zu gehen, ist weit verbreitet, man möchte nicht groß nachdenken, keinen besonderen Aufwand für das Herausfinden der Wahrheit treiben müssen. es genügt das Bestehende, So kann sich in die eigene Meinung sogar fremdmanipuliertes Gedankengut einschleichen. Erst wenn das Ergebnis negativ geworden ist, wird Missmut über die Politik empfunden. Das nutzen gewisse Meinungslenker für Menschen, die ohne sicher gefestigte Meinung sind, aus.

Der Einflussnehmende richtet seine einzusetzenden Mittel und seine Einflussstrategie nach der Art des Zweckes und seiner Ziel-Erreichbarkeit aus. Sollen Menschen in ihrem Denken, Verhalten und Handeln zielrichtig gestimmt werden, so nutzt man die Gesetze der Psychologie. In kaum merkbarer Weise verändert man eine Information durch Beiworte, Umstellung von Worten, Begriffsumdeutungen usw., wie man fast täglich, meist wiederholt in der Presse oder in den Nachrichtensendungen des Fernsehens feststellen kann. Eine Richtigstellung unterbleibt.[336] So werden Zerrbilder fabriziert. Beispielhaft sei hier auch der Begriff Annexion bei dem Fall *Krim* genannt, obwohl die Anwendung rechtsstrittig, aber für die Politik zweck-

---

[333] https://monde-diplomatique.de/shop_content.php?coID=100105 Niels Kadritzke 2017
[334] https://www.demokratiewebstatt.at/thema/thema-europawahlen/was-oder-wer-wird-gewaehlt/welche-aufgaben-hat-das-europaeische-parlament/
https://www.welt.de/politik/deutschland/article128099864/Wie-sinnlos-ist-das-EU-Parlament-wirklich.html 2014
[335] https://www.werner-langen.de/artikel/das-europaeische-parlament-ist-nicht-demokratisch-legitimiert
[336] https://tinyurl.com/y924qhlc Dietrich Murswieck, Rechts-Gutachten zu afd 2018

mäßig ist. ist.[337] Manchmal pocht man auf Vertrauen, obwohl für den Fakt-Vortrag kein Beweis geliefert wird, so im *Skripal*-Fall.[338] Überraschend ist das Festhalten an einer Fassung der Urheberschaft des *Reichstagsbrandes* 1933, die bei den Gegnern der braunen Herrschaft aufgetaucht war: diesen könnte unmöglich ein einzelner gelegt haben, da haben die Nazis mitgewirkt.[339] Viele dieser unrichtigen Darstellungen gelangen nicht allgemein zu den Historikern und werden korrigiert, manches Falsche wird einfach zur Geschichte.

Teilweise macht sich der Unmut über das Übersehen der Bevölkerung in Demonstrationen Luft, in Fernsehsendungen greift man einzelne heraus: aber sprechen diese repräsentativ? Man erkennt das nicht. Gleiches erfolgt in den Netzwerken (Internet), wer steckt wo dahinter? Der Gefahrenkomplex der Beeinflussung wird immer größer und undurchsichtiger, wenig Anlass für eine positive Zukunftsstimmung. Was soll da die Vision einer europäischen Armee vor dem Europaparlament? Zu so einer Armee braucht es vieles, vor allem Einigkeit und eine Führung und wo ist diese zu sehen?[340]

10. Über den Autor

Biografie: Datei, gedruckt (Buch 586 Seiten) Stadtarchiv Dülmen
  Darin > Liste wissensch. Veröffentlichungen, Anlagen/Maschinenbau, Patente

Jahrgang 1926, humanistisches Gymnasium, Abitur 1943/44, 1946
Militärdienst 1943 bis 1945 (Luftwaffe, Kriegsmarine, amerik. Kriegsgefangenschaft)
Ausbildung Schlosser, Schweißer, Technischer Zeichner, Rechercheur, Dokumentar
  Universität: Halle/Saale 1945 bis 1948, Techn. Hochschule Braunschweig, 1948 – 1952/54
  TU/FU Berlin Dr.-Ing. 1976
  Mitbegründer der ersten studentischen Hilfe (Babysitter), Hochschulpolitik
Berufskranker Chemische Industrie BK 1307, Vergiftung Organophosphat (oTKP)
Politischer Flüchtling 1948 aus SBZ (als Student im Widerstand)
  Stiefmutter 1953 Feind der DDR (Weißenfels)
Aktiv in Braunschweig (Studentischer Widerstand gegen Wiederbewaffnung, Atom usw.)
Beruf: Konstruktion Maschinenbau, Verfahrenstechnik, Forschung/Entwicklung, u.a.
  Stabsstellenleiter in Großkonzernen, Techn. Leiter mittelgroßes Unternehmen
  Umweltpreisträger 1976 DIMesse Hannover (DBK),
  Darüber hinaus Ahnenforschung, Thüringische Geschichte
Sachverständiger für Datenschutz , Probenahme Schredderabfall, Umnweltpolitik
Ausschußvorsitzeender VDI-Energietechnik, KRdL, VDMA (Umwelt), DIN etc.
  Experte für Probenahme, IQS/Freiberg TU Bergakademie
Politik, Kommunale Abfallentsorgung und bundesweit, UBA, Schreddern (NS)
  International Berührungslose Chipkarten

---

337 https://www.wissensmanufaktur.net/krim-zeitfragen/ Karl Albrecht Schachtschneider, 2014
338 https://www.heise.de/tp/features/Der-Fall-Skripal-Ein-perfektes-Alibi-4215837.html
339 https://www.welt.de/geschichte/article141349436/Das-Raetsel-um-den-Reichstagsbrand.html
      http://www.bpb.de/politik/hintergrund-aktuell/265402/reichstagsbrand
340 http://www.faz.net/aktuell/politik/donald-trump-macht-sich-ueber-macrons-europaeische-armee-lustig-15888684.html https://deutsche-wirtschafts-nachrichten.de/2018/11/11/putin-zeigt-verstaendnis-fuer-europaeische-armee/

11. Stichworte
(im Text fettgedruckt)